白書

누가
괴물을
키웠나

趙甲濟 외

조갑제닷컴

대한민국의 全身에 퍼진 從北癌

정상세포를 공격하는 면역체

自家(자가)면역질환(Autoimmune Disease)은 류머티스성 관절염, 아토피 피부염, 천식 등 수많은 질병의 원인이다. 우리 몸의 면역체계는 침입하는 病菌(병균)에 대항하는 방어시스템이다. 이 시스템이 정상 작동하려면 병균과 정상세포, 즉 적과 동지를 구별할 수 있어야 한다. 이 彼我(피아)식별기능이 마비되면 병균을 공격해야 할 면역체계가 자기편인 정상세포를 공격, 여러 가지 질병을 일으킨다.

대한민국 체제를 지켜야 할 公安(공안)기관, 예컨대 검찰이 이 자가면역질환에 걸리면 북한정권이나 종북 같은 敵(적)이 아니라 국정원 같은 자기편을 공격한다. 극좌단체 후원 검사로 하여금 前 국정원장을 수사하게 하여, 국정원의 종북 견제 행위를 선거개입이라고 공격하고 있는 채동욱 총장 하의 검찰이 자가면역질환에 걸린 행태를 보이고 있다.

이런 自家면역질환은 法治(법치)와 체제수호의 최후 보루인 판사들 사이에서도 발견된다. 종북세력에 대하여는 유달리 우호적이고 대한민국 편에 선 사람들에겐 유달리 적대적인 판결이 잇따르고 있다.

최근 국정원의 수사로 드러난, 통합진보당 李石基(이석기) 의원의 종북단체 'RO(Revolutionary Organization) 내란음모 사건'은 국회에 사회주의 혁명 교두보를 구축, 국가권력까지도 自家면역질환에 걸리도록 하려는 시도였다. 국회는 이미 부분적으로 자가면역질환에 걸린 상태이다.

300명 정원의 국회에서 반공법과 국가보안법 위반 전과자가 27명이고 그들 중 19명은 反국가단체 및 利敵(이적)단체 가담자였다. 27명 중 통진당과 새누리당이 각 3명, 21명은 민주당 의원이다. 이들이 轉向(전향)하지 않았다면 지금도 국회 권력을 敵을 공격하는 데 쓰지 않고 우리 편, 즉 대한민국과 자유민주체제를 공격하는 데 쓴다는 의심을 갖지 않을 수 없다. 종북세력의 원내 진출을 허용한 국회는 자가면역질환 증세를 보인 지 오래이다.

수술인가, 체력보강인가?

이석기 사건은, 從北암세포가 대한민국의 全身(전신)에 널리 퍼져 있음을 알렸다. 국회, 언론, 지방자치단체, 검찰, 법원, 교사, 교수, 종교 등 국가의 全분야에 걸쳐 종북좌파 성향이 스며들었다. 종북은 북한정권에 굴종, 추종하는 세력이므로 대한민국 헌법에 위배되는 행동을 한다. 민주투사, 진보세력으로 자신을 위장하여 국가적 면역체계의 피아식별 기능을 혼란에 빠뜨린다.

전신에 퍼진 종북암을 어떻게 치료할 것인가? 암세포가 깊고 넓지만 수술하려면 피를 봐야 한다. 물리력을 동원해야 하기 때문이다. 이념무장한 세력을 물리적으로 제거하려 들면 시리아나 이집트 식 流血(유혈) 사태를 각오해야 한다.

다른 방법은 체력을 보강하고 방사선 및 약물 치료를 통하여 종북암의 확산과 증식을 저지하는 것이다. 체력보강의 가장 중요한 방식은 국민각성이다. 국민들이 從北의 실상, 특히 종북기생충을 키운 宿主(숙주)의 正體(정체)를 정확하게 알게 될 때 여론이 바뀌고, 정치를 바꾸어 自家면역질환에 걸린 국가保衛(보위)기능을 회복시킬 수 있다. 종북을 비호하면 선거에서 몰락한다는 것을 유권자들이 증명할 수 있을 때 종북암 치료의 길이 열린다.

종북세력은 민주당 김한길 대표의 표현대로 "전쟁이 났을 때 적을 위하여 대한민국과 싸우겠다는 세력"이다. 내란은 國憲(국헌)을 문란시켜 정권을 탈취하려는 죄인데, 종북반역세력은 북한정권을 위하여 조국을 뒤엎겠다는 세력이니 내란보다 더 위험하다. 이석기 세력에 대하여 형법 제93조 與敵罪(여적죄)를 적용할 수도 있다는 이야기다. 이 죄는 적국과 합세하여 조국을 공격하는 행위로서 내란죄보다 더 엄하게 처벌한다. 법정형이 死刑(사형)뿐인 유일한 죄이다.

〈조갑제닷컴〉은 종북좌파의 실상을 드러내는 책과 정보들을 지속적으로 생산해왔다. 이 책은 작년의 《從北백과사전》에 이은 '종북宿主' 폭로集(집)이다. 종북암을 치료하는 가장 유효한 약물과 체력보강의 방법은 헌법과 사실로 무장하는 것이다.

趙甲濟

2013년 9월

차 / 례

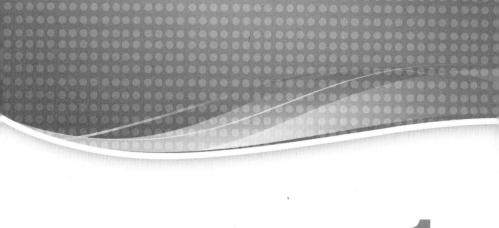

1

한 문장으로 요약한
대한민국 赤化 보고서

한 문장으로 요약한
대한민국 赤化 보고서

김정일을 수령으로 모시고 폭력혁명을 위한 무장투쟁을 준비하였다고 하여 내란음모 혐의로 국회의원이 구속되고 소속정당이 해산 대상으로 거론되는 기막힌 현실은 10여 년간 진행되어온 한국의 좌경화와 이로 인한 彼我(피아)식별 기능의 마비, 그 결과이기도 하다. 한 문장으로 정리하면 이렇다.

"한국은, 국군통수권자가, 대한민국의 敵(적)인 북한정권을 主敵(주적)이라고 부르지 못하게 해놓고는 핵폭탄 및 미사일 개발에 쓰일 것이 뻔한 자금을 불법으로 대어주고, 그것도 국정원을 시켜 敵將(적장)의 해외비자금 계좌로 4억 5000만 달러를 보내고, 敵의 군함이 침범해도 먼저 쏘지 말라고 하여 我軍(아군)의 손발을 묶음으로써 결국 한국 군함을 격침시키도록 방조하고, 김정일과 주한미군

무력화를 밀약하고, 북한의 연방제 적화통일 방안을 인정, 국가보
안법을 상당 부분 死文化(사문화)시키고, 종북좌익세력이 멋대로 국
가파괴활동을 할 수 있도록 對共(대공)사범 3538명을 사면 복권시
켜, 북한을 들락날락하게 해주고, 공산주의 신봉 반역자들까지 민
주화운동가로 보상해주고, 종북세력이 정당을 만들 수 있게 하고,
그 정당에 수백억 원을 국민세금으로 대어주고, 이들을 친북·종북
이라고 하면 색깔론 편다고 욕하고, 명예 훼손이라고 벌주고, 언론
은 사사건건 敵軍(적군) 편을 드는 반역세력을 진보라고 미화하고,
남북한 좌익세력이 '민족공조'란 이름 아래 연대하여 미국에 대항하
는 과정에서 韓美(한미)연합사를 해체시키기로 작정하고, 드디어 국
군통수권자가 敵將 앞에 가서 NLL포기-北核(북핵)비호-反美(반미)
공조-차기정부에 쐐기박기를 다짐하고, 그 반역 문서가 드러나도
포기가 아니라 우기고, 집권정당은 무슨 죄를 지은 듯 종북을 피해
다니고, 공무원들은 종북좌파 눈치를 보면서 애국세력을 홀대하고,
극좌단체 후원 검사는 국정원의 종북 대응활동을 선거개입이라 걸
고, 이런 검사의 존재가 밝혀져도 법무장관이 비호하고, 이젠 종북
정당의 主流(주류) 세력이 국회를 공산폭력혁명의 교두보로 확보한
상태에서 무장폭동을 준비하고, 그런 사실이 드러나도 국회의원 제
명도, 정당 해산도 못하고 있고, 언론은 건국 대통령을 독재자로 몰
면서 죽은 진짜 독재자에겐 아직도 위원장, 주석이라고 부르는 나
라인 바, 이석기-통진당-RO라는 괴물의 세 産母(산모)는 김대중-
김정일-노무현이고, 保姆(보모)는 언론이다."

12년 전 〈月刊朝鮮(월간조선)〉이 매월 여론조사를 했더니 늘 10% 정도

는 김정일이 정당하다고 답했다. 천안함 폭침을 믿지 않는 유권자가 약 30%다. 종북좌파 연합세력이 민 문재인 후보가 48%를 득표했다. 지금 국회엔 좌익혁명자금 마련을 위한 강도전과자 등 반공법-국보법 전과자가 27명이다. 그들 중 19명은 反국가단체 및 利敵(이적)단체 가담자였다. 27명 중 민주당 의원이 21명, 통진당 및 새누리당이 각 3명이다.

결론: 지난 10여 년간 김대중-노무현-통진당(민노당) 세력은 일관되게, 敵軍(적군)을 편들고 조국을 해치며, 동맹국을 멀리하고, 애국세력을 괴롭히고, 반역세력을 비호하는 정책과 행동을 하고, 새누리당(한나라당)은 일관되게, 싸움을 피하면서 구경꾼 노릇을 해왔다. 그 결과는 종북좌파 세력의 무장 폭동 음모로 나타났다. 이번 기회에 뿌리를 뽑지 못하면 한국의 미래는 시리아식 內戰(내전), 南美化(남미화), 이집트식 혼란, 공산화 중 하나일 것이다.

2

국정원의
'이석기 구속영장신청서'
밑줄치며 읽기

수신자 국회의장

(경유)

제 목 국회의원(이석기) 체포동의 요청

　　국회의원 이석기(李石基)의 내란음모 등 피의사건에 대하여 수원지방법원 판사

오상용으로부터 체포동의요구서가 정부에 제출되었으므로 국회법 제26조에 따라

동 의원에 대한 체포동의를 요청합니다.

붙임 : 국회의원(이석기) 체포동의안 1부.　끝.

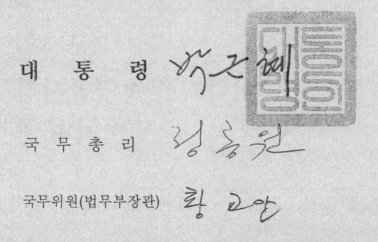

대 통 령

국 무 총 리

국무위원(법무부장관)

검찰주사 박원석　　검찰사무관 이은묵　　검사 김창수　　과장 백재명　　국장 김주현　　차관 국민수

협조자
시행 공안기획과 - 2240　　(2013. 9. 2 .)　　　접수　　　　　(　　　　　)
우 427-720　　경기 과천시 관문로 47 (중앙동 1) 1동 법무부　　　/http://www.moj.go.kr
전화 02-2110-3537　　　　　전송 02-3480-3555　　/ park2001@moj.go.kr　　/ 비공개(6)

국회의원(이석기) 체포동의안

제출연월일 : 2013.　.　.

제 출 자 : 정　　부

의 안	
번 호	

주　문

국회의원 이석기(李石基)의 체포에 동의한다.

제안이유

국회의원 이석기(李石基)의 내란음모 등 피의사건에 대하여 수원지방법원 판사 오상용으로부터 체포동의요구서가 정부에 제출되었으므로 국회법 제26조에 따라 동 의원에 대한 체포동의를 요청합니다.

붙임: 체포동의요구서 사본 1부.　끝.

수 원 지 방 법 원

체포동의요구

수 신 대통령

참 조 법무부장관

　아래 국회의원에 대하여 국회법 제26조의 규정에 의한 체포동의를 국회에 요청하여 주시기 바랍니다.

아　　래

피 의 자　　이 석 기

주민등록번호　　620202-███ █

주　　　거　　서울특별시 동작구 ███████ ██, ██ ████████ ████████

범죄사실의 요지　　별지 구속영장청구서 기재와 같음

2013.　8.　30.

판 사　오 상 용 [인]

수원지방검찰청

<table>
<tr><td rowspan="2">발부</td><td rowspan="2">기각</td></tr>
<tr></tr>
</table>

(031)210-4200)

제 2013-1252 호

2013. 8. 30.

수 신 · 수원지방법원장

발 신 : 수원지방검찰청

제 목 : 구속영장청구

검 사 김훈영 ㉑

		성 명	이석기		심 문	불심문
피	① 성 명	이석기	심등석부		
의	② 주 민 등 록 번 호	620202-****** (51세)			
	③ 직 업	국회의원			
자	④ 주 거	서울특별시 동작구			
⑤ 변 호 인					

위의 피의자에 대한 **내란음모 등** 피의사건에 관하여 아래와 같이 구속영장 신청이 있는바, 그 사유가 상당하다고 인정되므로 동인을 서울구치소에 구속하고자 구속영장 발부일로부터 30일까지 유효한 구속영장의 발부를 청구합니다.

/2253

		구인영장	
⑥ 구속을 필요로 하는 사유	별지 구속영장신청서 기재내용과 같음	발부	발부안함
⑦ 필요적 고려사항	별지 구속영장신청서 기재내용과 같음		
⑧ 7일을 넘는 유효기간을 필요로 하는 취지와 사유	별지 구속영장신청서의 기재내용과 같음		
⑨ 둘 이상의 영장을 청구하는 취지와 사유			
⑩ 재청구의 취지 및 이유			
⑪ 발부하지 아니하는 취지 및 이유	판 사 ㉑		

국 가 정 보 원

제 2013 - 1 호   2013 년 8 월 29일

수 신 수원지방지방검찰청   발 신

제 목 구속영장신청   특별사법경찰관 김병호

　　　　다음 사람에 대한 내란 음모 및 국가보안법 위반(찬양·고무등) 피의사건에

관하여 동인을 서울구치소에 구속하려하니 ~~2013년　　　월~~까지 유효한 구속

영장의 발부를 청구하여 주시기 바랍니다. 구속영장 발부일부터 30일

피 의 자	성　　명	이석기(李石基)
	주 민 등 록 번 호	620202- ▓▓▓▓ (52세)
	직　　업	국회의원
	주　　거	서울 동작구 ▓▓▓▓▓▓▓▓▓▓▓▓▓
변 호 인		
범죄사실 및 구속을 필요로 하는 사유		별지와 같음
필요적 고려사항		☑ 범죄의 중대성　☑ 재범의 위험성 ☑ 피해자·중요 참고인 등에 대한 위해 우려 ☑ 기타 사유 　　　※ 구체적 내용은 별지와 같음
7일을 넘는 유효기간을 필요로 하는 취지와 사유		피의자는 국회의원으로 현재 국회 회기중이므로, 국회 동의절차 이행을 위해 7일 이상의 기간이 필요함
둘 이상의 영장을 신청 하는 취지와 사유		
재신청의 취지 및 이유		

수원지방검찰청

제　　　호

수 신 수원지방법원   2013 년 8 월   일

제 목 구속영장청구

　　　위와 같이 구속영장신청이 있는 바 그 사유가 상당하다고 인정되므로

동 영장의 발부를 청구합니다.

　　　　　　　　　　　　　　　　　　수원지방검찰청

　　　　　　　　　　　　　　　　　　　　검 사　　　　　　　　㊞

기각취지 및 이유	

국정원의
'이석기 구속영장신청서'
밑줄치며 읽기

국회를 '사회주의 혁명의 교두보'로 삼다!

"국회의원 선서를 하던 바로 그 순간, 피의자는 국회의원으로서 보장된 막강한 권한과 권리를 '사회주의혁명 투쟁'에 철저히 이용하겠다고 결의했을 것입니다."

趙甲濟(조갑제닷컴 대표)

提報者는 이 사람

정부가 2013년 9월 초, 대통령의 재가를 받아 국회에 제출한 통합진보당(이하 통진당) 李石基(이석기) 의원 체포동의안 요청서에 첨부된 82페이지 자료는, 국정원이 검찰에 올린 이석기 구속영장신청서였다. 아주 잘 쓴 글이고 내용도 흥미진진하다. 단편적으로 보도된 사건의 전모와 구조를 알게 해준다.

신청서에서 국가정보원은 이례적으로 提報者(제보자)를 소개하였다. 이 사건은 이석기 내란음모 사건의 핵심 조직인 RO(Revolutionary Organization) 조직원의 제보에 의해 최초 단서를 포착하게 되었다고 했다. 〈제보자는 장기간에 걸쳐 사회단체에서 활동하다가 2004년경 RO에 가입, 현재까지 활동해 온 핵심 구성원〉이었다고 한다. 그는 2010년

3월의 '천안함 폭침사건으로 북한의 호전적 실체를 깨닫게 되고, RO의 맹목적 북한 추종 행태에 실망한 나머지 "새로운 인생을 살겠다"는 각오로 수사기관에 제보했는데, 동기가 진솔하고 합리적이었다는 것이다.

제보자가 참고인 조사과정에서 진술한 RO의 강령, 목표, 조직원 의무, 보위수칙, 조직원 인입(가입)절차, 주체사상 교육과정, 총화사업, 조직원들의 활동 동향 등에 대한 내용이 매우 구체적이고 일관되었다. 북한原典(원전) 등 RO의 사상학습자료 등이 저장된 증거물(USB 메모리 등)도 제출하였다. 그 후 국가정보원은 內査(내사)에 착수, 피의자들의 동향을 파악하고 법원으로부터 영장을 발부받아 증거를 수집하는 과정에서 제보자의 진술이 모두 사실과 부합된다는 사실도 확인하였다는 것이다.

압수수색 현장 보고 도주

국가정보원은 2013년 8월27일 수원지방법원으로부터 압수수색검증영장을 발부받아 8월28일 이석기의 신체·주소지·거소지·사무실에 대한 압수수색을 실시하였다. 이석기는 국정원 팀의 일제 압수수색이 시작된 직후인 아침 7시 경 자신의 居所地(거소지)에 나타났다가 압수현장을 목격하자 택시(서울34사0000)를 타고 황급히 도주한 후 다음날 아침 국회회관에 모습을 드러냈다. 국정원은 구속영장신청서에서, 〈자신의 신체에 휴대하고 있던 범죄의 증거들을 인멸하는 한편, 현재까지 수사기관에서 확인하지 못한 다른 은거지에 존재하는 다수의 범죄 증거들을 피의자 자신 또는 하부 조직원을 통해 인멸함과 동시에 불체포 상태의 다른 공동피의자 및 RO의 전체 조직원들에게 증거 인멸을 지시하거나 허위진술을 공모할 시간을 벌기 위한 것임이 명백하다〉고 했다.

이석기 居所地에 대한 압수수색에서 여권, 항공권, 수신편지 등 그의 사용공간임을 입증하는 다량의 자료가 발견되었다. 압수현장에 입회한 이○○(피의자의 비서)는 피의자의 사용공간이 아니라며 압수를 방해하였다. 수사관이 유전자 감식을 위해 칫솔 등을 압수하려 하자 압수대상이 아니라며 거부하였다. 이에 수원지방법원으로부터 추가 압수수색검증영장을 발부받아 유전자 감식에 필요한 물건 등을 압수하려 하였으나 이○○은 욕실문을 잠근 채 기물을 파손하면서 "들어오면 대가리를 박살낸다"고 극렬하게 저항하였다고 국정원은 밝혔다.

피의자의 사무실인 국회의원회관 신관 520호 의원실은 통진당 당원 등이 입구를 가로막아 30시간이 지난 뒤 비로소 집행에 착수하였다.

이석기는 주사파 계열

국정원은 검찰과 법원과 정부를 거쳐 국회에 보낸 이석기 구속영장 신청서에서 李石基(이석기)가 김일성 추종 反국가단체 출신이고 그가 만든 조직도 주사파 계열임을 분명히 했다. 어떻게 하여 그런 인물이 2011년 12월27일 통진당에 입당, 2012년 3월21일 비례대표 2번을 배정받아 2012년 4월11일에 제19대 국회의원으로 당선될 수 있었는가가 이번 사건의 주요 쟁점이다.

〈피의자는 1989년 3월경부터 하영옥 등과 함께 김일성 주체사상을 지도이념으로 하는 청년 혁명전위조직인 '반제청년동맹' 중앙위원으로 활동하고, 1992년 3월부터 反국가단체인 '민족민주혁명당' (이하 '민혁당')의 경기남부위원회 위원장으로 활동하다가, 1999년 8

월 '민혁당'에 대한 국가정보원의 수사가 시작되자 잠적하여 3년 가까이 도피하던 중 2002년 5월 체포되어 2003년 3월21일 서울고 등법원으로부터 국가보안법 위반(反국가단체 구성 등)으로 징역 및 자격정지 각 2년6월을 선고받았다(2003년 8월 가석방 출소, 2005년 8월15일 특별복권). 피의자는 시기 미상경 反국가단체인 '민혁당' 조직원들과 주체사상 추종자들을 규합, 지하혁명조직인 'RO'(Revolutionary Organization, 일명 '산악회')를 결성하고 현재 同 조직의 총책으로 활동 중에 있다.〉

좌파정권, 3538명의 對共사범 사면

이 자료에서 노무현 정권이 이석기를 적극적으로 비호하였다는 의심이 생긴다. 파격적인 가석방과 특별복권뿐 아니라 두 차례 入北(입북) 허가까지 내어주었기 때문이다.

검찰 통계에 따르면 간첩 등 對共사범(거의가 국가보안법 위반자)에 대하여 김대중 정권은 2892명을 사면하고, 노무현 정권은 646명을 사면하였다. 좌파정권 10년간 3538명의 국가파괴 범죄 전력자들이 풀려난 것이다. 이 사면 통계는, 잔형집행면제, 감형, 형선고失效(실효), 복권 및 형집행정지 등이 포함된 수치이다. 이들 중 상당수는 자중하기는커녕 정치권, 종북단체 등에 들어가 왕성한 활동을 펴고 있다. 예컨대 종북성향 통진당의 황선 비례대표 후보는 국가보안법 위반으로 두 차례 실형을 살았으나 노무현 정권 시절 복권되었다. 통진당 오병윤, 김재연 의원도 각각 김대중, 노무현 정권 때 복권된 경우이다. 민주당의 임수경 의원(비례대표)은 국가보안법 위반으로 징역 10년을 선고 받았는데, 김대중

정권 시절 특별사면복권되었다. 민주당 은수미 의원(비례대표)도 김대중 때 복권되었다.

• 연도별 對共사범 사면 현황

김대중 정부 / 총 2892명
1998년 431명 / 1999년 1,878명 / 2000년 548명 / 2001년 0명 / 2002년 35명
노무현 정부 / 총 646명
2003년 415명 / 2004년 2명 / 2005년 224명 / 2006년 3명 / 2007년 0명 / 2008년 2명

요사이 판사들은 敵軍인 북한정권에 정보를 제공한 간첩에게 징역 3~4년 정도를 선고한다. 세계에서 간첩에게 가장 관대한 나라가 되었다. 閔 모 간첩의 경우는 국보법 위반죄로 3년6개월 징역형을 선고 받고 복역 중 김대중 대통령에 의하여 2년 만에 사면되었다가 또다시 간첩죄를 저질러 구속되었다. 그는 징역 3년6개월 刑을 선고 받고 복역 중 刑期(형기)의 반 정도를 마친 상태에서 노무현 대통령에 의하여 사면되는 희한한 기록을 세웠다. 노무현 정부는 이 자의 入北도 허가해주었다.

한편 미국 법원은 핵개발 기술을 소련에 넘겨준 로젠버그 부부를 간첩죄에 걸어 사형에 처하였고, 우방국인 이스라엘을 위하여 간첩질을 한 조나단 폴라드에게는 종신형을 선고하였다. 폴라드는 29년간 복역하였는데, 이스라엘 정부가 아무리 미국에 선처를 부탁해도 소용이 없다.

김정일을 우두머리로 모시는 집단

국정원의 구속영장신청서를 읽으면 수사팀이 자신만만하다는 생각이 든다. 북한정권의 對南공작에 대한 전문적 識見(식견)과 이석기 일당에 대한 증거 수집의 깊이가 느껴진다. 딱딱한 문장이지만 힘이 있다. 공산당과 이념전쟁을 치르고 있고, 반드시 이겨야 하는 한국인들에게는 좋은 국민교재이다.

국정원은 서두에서 이석기가 利敵(이적)분자라고 단정하고 들어간다.

〈이석기는 청년 혁명전위조직 '반제청년동맹', 反국가단체 '민혁당'의 간부로 활동하였는데, 두 단체는 모두 북한의 對南적화 혁명노선인 민족해방민중민주주의(NLPDR)를 추종하면서 이에 입각한 '남한 사회주의 혁명' 즉, 대한민국의 체제를 전복하고 북한식 사회주의체제를 건설하는 것을 목표로 하고 있다.〉

따라서 피의자는 〈노동자−농민−학생−도시소시민−소자본가들을 혁명동력으로 하여 합법−非합법−半합법 투쟁을 통해 美帝(미제)를 축출하고, 대한민국의 현 지배계급을 타도하여 인민 중심의 소위 '자주적 민주정권'을 수립한 다음 연방제로 남북한을 통일하여 궁극적으로는 전체 한반도에서 북한식 사회주의를 실현하려 한다는 사실을 잘 알고 있다〉는 것이다.

국정원은 또 피의자가 총책으로 활동 중인 RO가 김정일을 우두머리로 모시는 조직이라고 단정하였다. 가입식에서 '지도성원'(상부 조직원 지칭)이 신규가입 조직원에게 "우리의 首(수)는 누구인가"라고 묻게 되어 있고, 신규조직원은 "비서 동지(김정일 지칭)입니다"라고 답하게 되어 있다는 것이다. 요약하면 이석기 조직은 북한정권을 지휘 사령탑으로 삼고 남한에서 사회주의 혁명을 하겠다는 세력이다. 이런 세력을 과거엔 '빨갱이', '공산당'이라고 불렀다.

國憲문란을 위한 폭력혁명은 RO의 생리

국정원은 구속영장신청서에서, RO의 강령이 '주체사상을 지도이념으로 하는 남한사회변혁운동'을 활동 목적으로 표방하고 있고, 이는 북한 對南혁명론(민족해방민중민주주의혁명론)에 입각한 '남한 내 사회주의 혁명 투쟁'을 의미하므로, 대한민국 헌법을 포함한 법체제와 이에 근거하여 설치된 국가기관을 강압적으로 전복하는 폭력혁명을 수반할 수밖에 없다고 썼다.

내란음모는 이 조직의 생리라는 이야기이다. 그래서 RO 조직원들은 '조직 성원화 절차'(가입식)에서 단체 강령을 구두로 하달 받고, 그 실천을 결의함으로써 폭력적 방법에 의한 사회주의 혁명, 즉 國憲(국헌)문란 내지 국가變亂(변란)의 목적을 단체 가입 시부터 공유하였다는 것이다. 이석기는 통진당 비례대표로 국회의원이 된 후 2012년 6월15일 기자들과 가진 오찬 간담회에서 이렇게 말하였다.

"애국가를 國歌(국가)로 정한 적이 없다. 애국가는 독재정권에서 만들어진 것인데 마치 국가인 것처럼 생각하고 있는 것에 불과하다. 민족적 역사와 정한이 담겨 있는 아리랑이 국가와 같다고 본다. 애국가를 부르지 말라는 것은 아니지만 부르는 것을 강요하는 것은 전체주의다."

국정원은 이 발언도, 不文(불문)헌법이라 할 수 있는 '애국가'의 정통성을 부정함으로써 대한민국의 정통성-정당성을 공개적으로 부정한 것으로, 國憲문란의 의도가 외부적으로 표출된 사례라고 지적하였다.

私생활도 통제

국정원은 신청서에서 RO의 조직과 이념에 대하여 자세하게 적었다. 북한정권을 추종하고, 공산폭력혁명을 위한 비밀결사체란 것이다.

• **주체사상이 지도이념:** RO는 예비조직원인 '이끌'(이념서클) 성원들에게 주체사상을 학습 시킨 후, 그 중 사상성향이 투철한 자를 엄선하여 RO에 가입시킨다. 상부 조직원이 신규 조직원에게 "①주체사상을 지도이념으로 남한사회 변혁운동을 전개하고 ②남한사회의 자주-민주-통일 실현을 목적으로 하며 ③주체사상을 심화 보급, 전파한다"는 내용의 단체 강령을 구두로 하달한다. 문서로 하지 않는 것은 보안을 위해서다.

• **130명 이상:** RO의 정확한 조직규모는 확인되지 않았으나 2013년 5월10일 및 5월12일 총책인 이석기의 긴급지시로 소집된, RO 전체 조직원 회합에 130여 명이 각각 집결한 것으로 보아 130여 명을 상회하는 결사체이다.

• **조직:** RO는 총책인 피의자 이석기를 정점으로 하여 '중앙위원회'가 있고, 그 산하에 경기동부, 경기남부, 경기중서부, 경기북부 등 4개 지역별 권역과 '중앙팀', '청년팀'이 있다.

• **철저한 상명하복 체계:** 이석기는 '전쟁 상황'에 대비한 지침을 하달할 목적으로 2013년 5월8일 RO 전체 조직원에게 소집령을 하달하였다가 2013년 5월10일 경기 광주시 소재 곤지암청년수련원에 집결한 조직원 일부의 기강이 해이하다고 판단, 해산시켰다. 이틀 후 긴급 소집령을 발동하였다. 당일 구두로 소집명령이 하달되었음에도 130여 명이 집결하는 등, 전체 조직원들이 총책의 지시에 일사불란하게 복종하는 태도를 보였다.

• **세포조직:** RO는 3~5명으로 구성된 세포단위 조직을 단계별로 배치, 총책–상급 세포책–하급 세포책–최하급 세포원으로 이어지는 지휘통솔 체계를 갖추었다. 각 단위 세포책을 통해 전체 세포원들에게 조직의 지침을 하달하거나 세포원의 사상학습 상태 및 조직활동 상황을 수시 점검, 지도하여 조직의 방침이 말단 세포원에게까지 관철되도록 하고 있다.

• **사생활도 통제:** RO는 조직원들의 개인 사생활까지 통제하며, 물의 야기시 총화를 통해 보고토록하여 경고 또는 '실천 활동'[노동현장 등에서 勞役(노역)을 하며 근신하는 것] 등 징계에 처한다.

"우리는 주체사상을 지도이념으로"라고 선서

RO는 최초 '민혁당' 경기남부위원회 조직원들을 중심으로 구성된 후, 대학–청년운동단체 조직원들을 대상으로 세력 규모를 확장해 왔다. 조직원 가입 절차는 다음과 같다.

• '학모'(학습모임) 단계: 세포책이 대학이나 청년운동단체에서 활동하는 '주사파 변혁운동가'를 대상으로 '학모'를 조직하여 '다시 쓰는 한국현대사' 등 이념서적을 교재로 사상학습을 진행한다.

• '이끌'(이념서클) 단계: '학모' 성원 중 주체사상을 적극적으로 수용하는 자를 대상으로 '이끌'을 조직하여, '주체사상에 대하여', '주체의 혁명적 조직관', '김일성 회고록', '김일성 저작집' 등 북한 원전을 교재로 '深化(심화)사상학습'을 진행한다.

• 성원화 단계: '이끌' 성원을 지도해온 세포책과 다른 조직원 1명의 추천을 받아 RO 상부에 보고하여 승인을 받고, 대상자로부터 자기

소개서와 결의서를 제출받아 이를 상부에 보고한 후, 조직 상부의 가입 결정이 나면 지휘세포가 가입대상자와 함께 해변이나 산악지역의 인적이 드문 민박집 등에서 수련회를 가지며 '조직성원화 절차'(가입식)를 진행한다.

가입식도 절차나 분위기가 공산당 식이다.
이른바 '민주열사에 대한 묵념'을 한 뒤 조직의 강령을 고지한다.

"우리는 주체사상을 지도이념으로, 남한 사회의 변혁운동을 전개한다."
"우리는 남한사회의 자주-민주-통일 실현을 목적으로 한다."
"우리는 주체사상을 심화 보급, 전파한다."

'결의 다짐'도 한다. 이런 식이다.

-지도성원: '우리의 首(수)는 누구인가'
-대상자: '비서 동지'(김정일 지칭)
-지도성원: '나는 누구인가'
-대상자: 'R가'(혁명가)
-지도성원: '간부의 풍모는'
-대상자: '충실성, 사상성, 사업작풍'

이어서 가입 대상자 결의발표 및 지휘성원의 환영인사가 있고, 조직명(가명)을 지휘성원이 부여하고, 북한 혁명가요 '동지애의 노래'를 제창한 뒤 RO에서 내려준 학습자료로 주체사상 학습을 실시한다.

철저한 保安

RO는 '남한 사회주의 혁명투쟁'을 전개하는 과정에서 수사당국의 추적을 피하기 위해 통신보안, 컴퓨터보안, 문서보안, USB보안, 외부활동보안 등 보안수칙을 세밀하게 설정하여 조직원들이 준수하도록 하고 있는데, 구체적 내용은 다음과 같다.

- 통신보안: 개인 휴대폰이나 일반 전화기로 조직과 관련된 사항은 말하지 않는다. 조직과 관련된 사항은 반드시 공중 전화기나 비폰(비밀 핸드폰)을 사용한다.

  조직원 회합시는 위치 추적을 피하기 위해 일반 핸드폰 전원은 끄고 비상시를 대비하여 반드시 비폰(지휘성원 이상만 소지)만 켜놓은 상태를 유지한다.

- 컴퓨터보안: 모임이나 학습을 진행시 노트북 전원이 켜져 있는 상태에서는 자동으로 대화내용이 녹음되어 도청될 수 있기 때문에 반드시 노트북 전원을 끄고 진행한다.

  문서를 작업한 후에는 반드시 흔적 지우기를 해야 하며 한글2007 사용 후 최근 문서를 열면 파일 이름이나 열람한 파일명이 나오면 하나씩 확인 후 삭제해야 한다.

  개인 E-mail로 회합 장소나 조직과 관련된 자료는 절대 송수신 하지 않는다. 노트북, PC 하드디스크는 6개월 단위로 교체한다. 자신에게 위험한 상황이 예상될 경우는 즉시 노트북, PC 하드디스크를 교체하거나 USB를 파기해야 한다.

- 문서보안: 종이에 학습내용을 등을 작성하면 소각하는 데 어려움

이 있고 분실로 인한 외부 노출시 조직보위에 문제가 있기 때문에 가급적 종이는 사용하지 않는 것을 원칙으로 한다. 부득이 종이에 조직관련 내용을 작성한 경우에는 반드시 소각한다. 모든 문서는 암호화된 USB로만 관리한다.

• USB보안: USB는 PGP·PGD 보안프로그램 등을 이용하여 암호화해서 사용해야 한다. 수시로 Eraser프로그램을 이용하여 문서를 삭제하고, 삭제한 흔적을 SNOOP프로그램으로 다시 제거하여 분실 또는 수사기관 검거에 철저히 대비한다. USB는 반드시 지퍼가 달린 주머니에 연결하여 분실되지 않도록 한다. 위험 상황 발생이 예상되면 신속히 USB에 장착된 칩을 파손하여 복구되지 않도록 한다.

• 외부활동 보안: 조직원들간에 회합시 수사기관의 미행여부를 확인하기 위해 '꼬리따기'를 한다. 예를 들면, 자전거나 오토바이를 타고 이동하거나, 버스로 이동할 때는 목적지 前 정류장에서 내려 도보로 이동한다.

신변에 위급한 상황이 발생할 경우를 대비해서 경기도 인근에 자신만이 알 수 있는 장소를 물색하여 두었다가 유사시 활용한다. 유사시 대비하여 항상 10만원 정도의 현금을 소지해야 하고 잠수(도피) 탄 후 재접촉시 서로 암구호를 교환하여 안전을 확인 후 접촉해야 한다.

회합시 성원 상호간 실명을 사용하지 않고 상부에서 부여받은 '조직명' 또는 'X형'이라는 호칭만 사용한다.

인터넷을 통해 북한관련 자료를 다운받을 때는 집이나 사무실에 있는 PC는 절대 사용하지 말고 PC방을 이용하되, 같은 장소나 같은 자리를 이용하지 않는다.

조직과 관련된 내용은 되도록 암기하고 근거를 남기지 않아야 한다.

강령은 한국 공산화를 목표로 삼아

국정원의 구속영장신청서는, RO의 강령에서 말하는 '주체사상을 지도이념으로 하는 남한사회 변혁운동'이, "대한민국 정부는 美帝에 의하여 세워지고 미제의 비호로 유지되며 미제의 식민지 정책을 집행하는 親美(친미)예속 파쇼정권"이란 인식에 기초한다고 밝혔다.

따라서 〈남한의 억압받는 민중을 해방하고 한반도 평화통일을 이룩하기 위해 소위 노동자-농민-도시빈민-청년학생-진보적 지식인 등 미제와 파쇼권력에 의하여 억압받고 있는 모든 계층이 민중을 의식화하고, 지도핵심을 육성-발굴하여 사회정치적 생명체의 뇌수인 수령의 영도 아래 민족민주통일전선체를 결성한 다음, 합법-半합법-非합법적인 방법으로 남한 내에서 미군철수 요구 등 反美자주화투쟁 및 파쇼권력과 그들의 민중 지배도구인 국가보안법 등 각종 악법의 철폐요구 등 '反파쇼 민주화 투쟁'을 전개하여 남한 내에 소위 '자주적인 민주정권'을 수립하여 민중을 해방해야 한다〉는 것이다.

RO 강령에서 말하는 '자주-민주-통일'은 북한이 1970년 제5차 당대회 이후 설정한 '對南투쟁 3대 과제'로서, '자주'란 미제를 축출하고 남한사회의 자주권을 확립하자는 '反美자주화투쟁'을 의미하고, '민주'란 파쇼정권인 남한정권을 타도하고 남한사회의 민주화를 이루자는 '反독재(파쇼) 민주화 투쟁'을 의미하며, '통일'이란 북한식 연방제 통일을 이루자는 '조국통일투쟁'을 의미한다. 결론적으로 RO는 〈북한의 對南혁명론에 입각한 '남한 사회주의 혁명'을 단체의 활동 목적으로 설정하고, 대한민국의 체제 전복과 북한식 사회주의 체제 건설을 위한 활동을 전개하고 있다.〉

RO, 한국진보연대-민노당-통진당-지방의회-공공기관으로 단계적 침투

국정원은 RO가 종북좌파 세력의 연합체인 한국진보연대의 한 핵심부를 장악하고 있다고 본다. RO는 조직 결성 이후 종북좌파 연합체인 '전국연합' 내 '경기동부연합'의 중추세력을 형성하였고, 2008년 2월경 '전국연합'을 대체하는 '한국진보연대'가 결성되자 자연스럽게 '경기진보연대'로 그 세력을 이전하여 핵심부를 장악하는 등 주체사상으로 무장시킨 조직원들을 경기지역 내 청년, 학생, 여성, 노동 관련 사회단체에 꾸준히 침투시켰다는 것이다.

RO는 경기지역 사회단체를 기반으로 '민주노동당'(現 통진당)에 계획적으로 침투해 들어가 강력한 조직력으로 경기지역당 위원장 및 대의원에 조직원들을 대거 당선시켰다. 민노당을 기반으로 하여 경기도 의회 및 지방자치단체 산하 공공기관에도 침투해 들어갔다. RO 조직원들은 각종 단체는 물론, 정당 및 지방자치단체에 침투해 있다가도 조직차원의 결집이 필요한 경우에는 동조세력까지 대거 동원, 단합된 행동력을 과시해왔다.

• 2012년 6월21일 경기 용인시 소재 경희대 국제캠퍼스 국제경영대학원 강당에서 '통진당 당직자 선거 출마 결의대회'를 개최, RO 조직원들을 통진당 내 주요 당직자로 당선시킬 것을 선동하였다.

• 2012년 8월10일 경기 광주시 소재 곤지암청소년수련원에서 '안동섭 선대본부 해단식'을 개최하여 '혁명동지가', '적기가'를 제창하며 결속을 도모하였다.

김정일을 우두머리로 한 반역세력이 국가기관으로 들어와 국민세금까지 쓰면서 공산혁명을 기도하고 있다는 이야기이다. 민노당과 통진당에 국가가 지원한 각종 보조금은 400억 원 전후로 추정된다.

국회를 사회주의 혁명투쟁의 교두보로 삼아

국정원은, 이석기 집단이 대한민국 헌법기관인 국회를 '북한의 對南혁명론에 입각한 사회주의 혁명투쟁의 교두보'로 인식하는 한편, 사회주의 혁명을 달성하기 위하여 통진당을 건설하였다고 주장, 이런 사례들을 들었다.

• 2012년 3월8일 성남시 분당구 소재 킨스타워에서 개최된 '이석기 지지 결의대회'에서 공동피의자 홍순석은 "2000년대 이석기 동지는 선거라는 것도 중요한 투쟁의 공간이라고 말씀하시면서 (중략) '씨앤피전략그룹'을 만들어서 과학적인 선거운동을 지도해 왔습니다"라고 했다. 같은 자리에서 RO 조직원 윤XX은 "(이석기 선배님께서) '앞으로 시대는 바야흐로 국회가 최전선이 될 거다. 이전에는 바깥 외곽에서 계급투쟁을 해서 국회를 압박했다라고 한다면 당면의 목표는 국회에서 벌어질 거다'라고 얘기해 주셨습니다"라고 했다.

• 같은 자리에서 공동피의자 김근래는 "이석기 대표님이 왜 국회의원이 되어야 하는가를 말씀드리면 통합진보당을 앞세워 집권을 실현하고 제국주의와 낡은 권력을 무너뜨리고 민중이 주인되는 통일된 세상을 건설하기 위해 통합진보당을 건설하였습니다. 이석기 대표님은 탁월한 정치지도자이며 한국사회변혁운동을 이끌 적임자"라고 자랑하였다.

• 피의자 이석기는 2013년 5월12일 마리스타 교육수사회 강당에 결집한 조직원들에게 직장이나 활동장소를 '제국주의 상대 전쟁시 최전방의 초소'라고 칭하고, 통진당의 黨權(당권)을 장악하여 정치적 합법공간

을 확보한 것을 '혁명의 진출'이라고 하였으며, RO 조직원들의 국회의원 당선을 '교두보 확보'라고 표현하였다.

국회의원 3명, 보좌관 6명이 RO 조직원

국정원은, 이석기를 포함한 통진당 국회의원 3명이 RO 소속이라고 밝혔다. 이 당 소속 의원 6명 중 반이 북한정권을 추종하는 세력이고 나머지 반도 이번 이석기 파동 때 그를 적극적으로 비호하였으므로 통진당은 헌법 제8조의, 민주적 기본질서를 위배한 목적과 활동을 하는 정당으로서 해산되어야 할 위헌정당으로 봄이 타당할 것이다.

〈이석기와 RO 조직원 XXX은 '통진당' 비례대표, RO 조직원 XXX은 지역구 국회의원으로 당선되어, 2012년 5월30일부터 대한민국 헌법기관인 국회의원으로 활동을 시작하였다. 그 외 공동피의자 우위영(女, 48세. 피의자 이석기 보좌관), 김XX(피의자 이석기 비서), 김XX(XXX 의원 보좌관), 김XX(XXX 의원 보좌관), 주XX(XXX 의원 비서), 김XX(XXX 의원 보좌관) 등이 국회의원 보좌관 또는 비서로 진출하였다.〉

그때까지 국정원이 파악한 국회 진출 사회주의 혁명 조직원은 국회의원 3명, 보좌관 6명 등 9명이란 이야기다. 국정원은 이들이 〈이석기를 비롯한 조직원들을 국회에 입성시킴으로써 헌법기구에서의 혁명토대를 구축하고 있다〉고 했다. 국정원은 국가기관으로 침투한 RO가 〈결정적 시기에 대비한 폭동을 준비하고 있다〉고 본다. RO 총책인 이석기는 북한이 장거리 미사일(소위 광명성 4호) 발사 실험, 3차 핵실험에 이어 2013년 3월5일 조선인민군 최고사령부 대변인 성명을 통해 '정전협정 백지화'를 선언하자 현 정세를 전쟁 상황 즉 '결정적 시기'가 임박한 것으로 판단하고, 조직원들에게 '전쟁 대비 3가지 지침'을 내렸다는 것이다.

〈①비상시국 관련 연대조직 구성 ②대중을 동원해서 2008년 광우병 사태와 같은 혼란 조성 ③전쟁 발발에 대비하여 주요 지역이나 미군기지 특히 레이더 기지나 전기시설 정보 수집〉을 하달하였다.

'볼셰비키 혁명처럼 人命피해는 불가피'

이석기는 특히 2013년 5월12일 마리스타 교육 수사회 강당에서 개최된 비밀회합에서 '필승의 신념'으로 무장할 것과 북한의 전쟁 상황 조성시 이에 호응하기 위한 '물질적·기술적' 준비 체계 구축을 주문하였다.

〈同 회합에 참석한 RO 조직원들은 약 1시간에 걸친 권역별 토론을 통해 現정세가 '전쟁 상황'이라는 것에 대한 인식을 공유하고 戰時(전시)에 대비한 '물질적·기술적' 실행방안을 통모−합의하였으며, 그 중 공동피의자 이상호·한동근이 소속되어 있는 RO 경기남부지역 조직원들은 물질적·기술적 준비사항으로 ①철도·통신 등 국가 기간산업에 대한 타격 ②주요 보안시설 위치 사전 파악 ③인터넷을 통한 무기제조법 습득 등 자체 무장 준비 ④전쟁 대비 매뉴얼 작성 등 실질적으로 실행 가능한 방법을 통모·합의하였다. 다른 지역·부문 그룹별 토론과정에서도 현 정세를 '전쟁 상황'으로 분명히 인식하였으며, 局地戰(국지전) 등 북한의 전쟁 상황 조성시 이에 호응하여 대한민국 내부에서 정부를 전복하고 사회주의 국가를 건설하기 위해 내란 수준의 유격투쟁을 전개할 것을 구체적으로 협의하였으며, 공동피의자 김홍열의 사회로 각 그룹별 대표자인 공동피의자 홍순석·이상호·김근래·조양원·우위영·박민정·이영춘은 토론결과를 발표하고 조직원 모두가 이를 공유하였다.〉

각 그룹별 토론 결과 발표 후, 이석기는 마무리 발언을 했다. 그는 '한 자루 권총 사상'(북한은 김일성의 항일무장투쟁이 아버지 김형직으로부터 물려받은 한 자루 권총에서부터 시작되었다고 선전한다)을 조직원들에게 역설하는 한편, 독일과의 '제국주의 전쟁' 중 내전을 일으켜 집권에 성공한 러시아 '볼셰비키 혁명'을 예로 들었다. 이석기는, '피해는 있었지만 전국적인 혁명의 계기'가 되었다면서, 제국주의와의 전쟁에서 이기기 위해서는 군사적 무장혁명이 필요하고 이에 수반되는 인명피해는 불가피함을 강조한 후 "총공격의 명령이 떨어지면 한 순간에 공격할 것"을 지시하였다는 것이다.

민족반역자에게 영혼을 팔아넘긴 자의 용어

이석기가 5월의 RO 비밀회의에서 한 연설 녹취록을 읽으면 북한노동당 간부의 말투이다. 탈북자들이 운영하는 자유북한방송에서 이 연설을 분석, 북한 용어들을 많이 골라냈다.

〈전쟁에는 두 가지 전쟁이 있다는 겁니다. 정의의 전쟁이 있고 불의의 전쟁이 있고, 혁명의 전쟁이 있고 단위의 전쟁이 있는 거여. 현재 조성된 우리 조선반도의 현 정세는 혁명과 반혁명을 가르는

매우 중요한 시기라는 것을 우리 국민들이 똑똑히 아셔야 된다.〉

〈조선인민이라는 전체적 관점에서, 조선민족이라는 자주적 관점에
서서 남쪽의 혁명을 책임진다는 자주적, 주체적 입장에서 현 정세
를 바라보면 옳다. 그렇게 이해하시면 되요? 이해됩니까?〉

〈한 가지만 말씀드리고 싶은 것은 속도전으로 일치하자. 속도전의
주체성은 그 속도에 있는 것이 아니라 대오의 일체성에 있다는 것
을 명심하고.〉

〈가는 길 험난해도 웃으면 가자는 혁명적 낙관주의와 전투적 기상
으로 정권교체를 반드시 이루어내고, 진보 집권 시대를 맞이하는,
그리하여 사람사는 세상을 위한 의롭고 정의로운 투쟁에 우리 모두
한 사람씩 (같이) 떨쳐 나갑시다.〉

평양에서 한국을 내려다보는 시각의 용어가 많다. 영혼을 민족반역집
단에 팔아넘긴 자의 언어이다.

결정적 시기에 대비한 폭력 혁명 준비

국정원은, 마리스타 교육수사회 강당에서 개최된 RO 조직원 비밀회
합의 발언내용을 종합하면, RO는 현재 상황을 '美제국주의 세력에 대항
한 조선민족의 실제 전쟁 상황'으로 인식하고 있다고 판단하였다.
〈①북한의 대남혁명관에 따라 대한민국을 미제국주의의 식민지 사회

이자 불평등관계로 보고 대한민국 정부까지 포함한 소위 '지배세력'을 타
도 대상으로 설정하였고 ②실제 전쟁이 발생할 경우에 대비하여 중요산
업 종사자 포섭 및 미군동향 감시체계 매뉴얼을 작성하는 한편, 국지전
발발시 무장 봉기를 주장하는 등 전면적 정부 전복을 획책하고 있으며 ③
최종적으로 전국단위의 사회주의 혁명을 통해 조국통일의 과업을 완수하
는 첫 세대가 되고자 하는 조직목표를 수립하는 등 RO는 총책 이석기를
중심으로 결정적 시기에 대비한 폭력 혁명을 준비하였다〉는 것이다.

이석기 의원 구속영장 신청서에서 국정원은 이른바 RO 같은 내란음모
세력의 활동이 북한의 남침을 부를 수 있다고 아래와 같이 지적하였다.

〈북한은 남한 내 혁명가들이 혁명적 대사변을 주동적으로 맞이하
기 위해 각종 형태의 대중투쟁을 적극 조직 전개하고, 결정적 시기
가 포착되면 지체 없이 총공격을 개시하여, 전국적인 총파업과 동
시에 전략적 요충지대 곳곳에서 무장봉기를 일으켜 전화국, 변전
소, 방송국 등 주요 공공시설을 점거하고, 斷電(단전)과 함께 통신
교통망을 마비시키고, 북한에 지원을 요청함으로써 남한 내 혁명세
력과 북한이 결합하여 혁명적 대사변을 주동적으로 앞당겨야 한다
고 강조한다. 특히 북한은 2012. 9. '전시사업세칙'(注: 戰時 북한 당·
군·민간의 행동지침)을 개정하여 '전시선포시기' 항목을 신설하고, "남
조선 애국역량의 지원요구가 있거나 유리한 국면이 마련될 경우"
전쟁을 선포할 수 있도록 하는 등 남한사회에서 혁명역량이 성숙하
여 '결정적 시기'가 도래할 경우 북한의 군사적 조치와 남한사회의
혁명역량을 결합시켜 사회주의 혁명을 완수하겠다는 의지를 분명
히 표출하고 있다.〉

평택 유류저장고, 혜화 전화국, 私製폭탄

이정희 통진당 대표는 말을 함부로 하여 상식적 국민들을 자극하는 일을 자주 하는데, 이번 사건 때도 '농담' 발언으로 逆風(역풍)을 맞았다. 그는 〈130여 명 가운데 일부분의 토론내용만 담긴 녹취록에 따라 한두 명의 말을 근거로 내란모의니 내란선동이니 한다면, 그야말로 우리는 단 한 사람도 농담조차 하지 못하는 사회에 살게 될 것입니다〉라고 했다.

국정원의 이석기 구속영장신청서에서 가장 중요한 증거물은, 지난 5월12일 밤과 다음 날 새벽에 걸쳐서 있었던 RO 비밀회합의 녹취록이다.

RO 총책인 피의자 이석기의 선동 연설이 끝난 후, 공동피의자 홍순석·이상호·한동근·우위영·박민정·김근래·조양원·김홍열·이영춘 등 참석한 조직원 130여 명은 각 圈域(권역)·부문별로 새벽 한 시까지 토론을 진행하였다.

RO의 경기남부권역의 경우, 지역책인 공동피의자 이상호가 하부 조직원인 공동피의자 한동근을 포함한 조직원 최○○·김○○·홍○○ 등과 함께 물질적·기술적 방안에 대한 토의를 했다. 이석기가 말한 '물질적·기술적 준비'는 폭동을 위한 무장과 주요 시설 타격 준비임이 명백해진다.

> 〈공동피의자 이상호는 "우리들이 확인한 바에 의하면 주요시설의 주소가 실제와 많이 다르다"면서 북한의 전쟁 상황 조성시 이에 호응하여 우선적으로 油類(유류)저장고·철도·통신시설 등 국가기간시설에 대한 타격이 가장 중요하므로 평택 油類저장고의 防護(방호) 실태, 철도교통 마비를 위해서는 통제시설을 파괴해야 한다는 점,

통신교란을 위해서는 關門(관문)전화국인 혜화 전화국과 분당 전화국을 파괴해야 하는 점 등 뿐만 아니라, 人命(인명)살상을 위해서 장난감 총기를 살상용으로 개조하는 방법, 인터넷을 통한 私製(사제)폭탄 제조법 습득하고, 무기고나 화학약품 저장고 등의 소재를 지속적으로 파악해두는 방법 등을 물질적·기술적 방안으로 제시하였다.〉

"평택 유류저장소는 관통 어려워. 니켈합금 감싼 시멘트 두께가 90cm. 안에서 파괴하는 게 가장 효과적"

국정원이 제시한 녹취록엔 이상호의 파괴 준비 발언이 많이 들어 있다.

"아까 잠깐 이야기가 나왔는데 우리나라에서 油類저장이 세계에서 가장 큰 데가 평택에 있는 유조창. 이게 세계에서 가장 큰 저장소예요. 근데 그게 2010년도에 군사훈련을 한 게 나와 있어요. 그래 가지고 인질이 사람을 갖다가 잡아 가지고 뭐 자기가 여기 떠날 수 있도록 조건을 요구하고 해가지고 결국은 시한폭탄을 터뜨려 가지고 했는데, 거기서 나온 자료에 의하면 그 탱크를 둘러싸고 있는 것은 거기 뭐야 안에 있는 게 니켈합금이에요. 그것이 관통하기가 어려워요. 더 중요한 문제는 뭐냐면 니켈합금을 감싸고 있는 것이 두께가 90cm예요. 벽돌로 시멘트로. 그래서 그것이 총알로 뚫을 문제는 아니거든요.
우리가 차로 혼자 다이너마이트 싣고 와 가지고 달라진 것은 아무 것도 아니고 폭파되는 문제는 아닌 거예요. 이미 정부에서는 그것이 테러범이 들어왔을 때에는 50사단이 투입이 되고 소방 특공대가

들어가고 다 이미 있는 거죠. 인천에 그런 시설이 있는 거죠. 우리가 조사를 해놨습니다.

그래서 그런 것과 관련해서 이것이 그렇게 무작정 될 문제는 아니고. 다만 戰時상황이라든지 중요한 시기에는 우리가 통신과 철도와 가스, 유류 같은 것을 차단시켜야 되는 문제가 있는 거죠. 그랬을 때 우리가 검토한 바에 의하면 그 시설이 실제로 경비가 엄하진 않았는데 그것이 쉽게 우리가 뭔가를 갖다가 할 수 있는 문제는 아닌 걸로 알고. 그렇다고 그런다면 안에 들어가서 시설을 파괴하는 것이 가장 효과적인 방안이고. 중요시설 안에서 이것들을 하는 것이 가장 중요하다.”

“그 다음에 철도 같은 경우도 철로의 위를 바꾸는 문제가 아니라 그 철도가 지나가는 데 있어가지고 통제하는 곳 이거를 파괴하는 것이 가장 효과적 방법이다. 통신 같은 경우도 가장 큰 데가 혜화국이에요. 전화가 혜화동에 있어요. 그 다음에 분당에 있습니다. 수도권을 갖다 관통하는 혜화동이고 분당에 있는데 거기에는 쥐새끼 한 마리 들어갈 수 없을 만큼 진공 형태가 되어야 되기 때문에 몇 개의 문을 통과해야 하는 문제가 있고.”

국회의원의 권한을 사회주의혁명에 이용

국정원은 구속영장신청서의 ‘결론’ 부분에서 〈이석기가 범한 범죄사실의 핵심은 북한의 전쟁 상황 조성시 이에 호응하여 폭동할 것을 선동하고, RO 조직원들과 폭동을 모의하였다는 것이다〉고 했다. 이어서 〈이석기를 비롯한 공동피의자들의 사회적 지위와 영향력, RO의 조직규모, 이에 호응한 북한의 도발 야욕 등으로 보아 범죄 실현 가능성이 매우 높다〉고 주장하였다. 국정원은 〈피의자는 국회법 제24조에 따라 대한민국 헌법을 준수할 것을 선서하였으나 단 한 순간도 대한민국의 체제 전복을 포기한 적이 없었다는 사실이 본 사건을 통해 명백히 드러났다〉고 했다.

〈국회의원 선서를 하던 바로 그 순간, 피의자는 국회의원으로서 보장된 막강한 권한과 권리를 '사회주의혁명 투쟁'에 철저히 이용하겠다고 결의했을 것입니다.〉

從北 地上黨

북한정권이 對南공산화 전략에서 가장 중시한 것은 혁명 기지로서의 從北 지하당 건설이었다. 공안기관에 의하여 분쇄된 1960년대의 통혁당 사건, 1970년대의 남민전 사건, 1990년대의 북한노동당 중부지역당 사건(이선실 사건)과 민혁당 사건, 2011년의 왕재산 사건이 대표적이다. 북한정권은 합법적 좌파정당으로 출범한 조봉암의 진보당, 김낙중의 민중당, 그리고 민노당에 영향을 끼쳐 從北化(종북화)하려는 공작도 竝行(병행)하였다.

從北 지하당인 민혁당 세력이 주도권을 잡은 오늘의 통합진보당은 從北 地上黨(종북 지상당)인 셈이다. 이석기의 내란음모 혐의를 적극적으로 비호함으로써 이석기와 통진당은 일체화되었다. 종북 地上黨은 지하당보다 대한민국 체제 전복에 매우 유리하다.

1. 합법적으로 자유롭게 활동할 수 있다. 국회·지자체·중앙정부·언론·교육·종교·기업·노조 등에 공개적으로 침투, 거대한 대중조직을 구축할 수 있다. 국가의 심장과 腦髓(뇌수)에 침투하는 바이러스이다.

2. 정당으로서 국가의 보호와 지원을 받을 수 있다.

3. 국회나 지방자치단체에 진출하면 국가예산을 쓸 수 있고, 고급정보를 수집할 수 있으며, 군대 등 국가기밀 시설에 접근할 수 있고, 대통령 등 국가지휘부 인사와 만날 수도 있다. 접근권을 활용하면 要人(요인) 암살, 보안 시설 파괴도 가능하다.

4. 수사를 당하면 정치탄압이라고 주장할 수 있다.

민노당-통진당은 좌익적 이념(계급투쟁설, 민중민주주의 등)을 기초로 한 反헌법적 강령, 정책, 활동을 갖춘 위헌적 정당임에도 김대중-노무현 정권의 적극적인 엄호 하에 上記(상기) 목적을 달성하였다. 國憲을 문란시켜 대한민국과 자유민주 체제를 전복할 수 있는, 즉 합법적이고 공개적인 內亂이 가능한 정치적·물질적 토대를 갖춘 것이다. 2012년엔 집권이 유력시되던 민주당과 정책연합을 하여 공동정권을 만들 단계까지 갔다가 老壯層(노장층)의 궐기로 막판에 좌절되어, 한국은 內戰的 상황을 겨우 면하였다. 국민들이, 이정희가 국무총리, 이석기가 국정원장이 될 수도 있는 상황을 막은 것이다.

공무원 집단을 從北化시킨 뒤

2012년 총선 직전에 작성된 민주당과 통진당의 정책합의문에 이런 대목이 있었다.

〈헌법상 보장된 교사와 공무원의 정치활동을 보장하여 정당한 정
치 활동에서 배제되는 집단이 없어지도록 한다.〉

교사와 공무원들까지 통진당 같은 종북성향 정당에 들어갈 수 있도록
하여 대한민국을 반대하고 해치는 행동을 국민세금을 써가면서 할 수
있게 하려는 의도를 드러낸 것이었다. 공무원들이 북한정권의 지도를
받는 반역조직으로 바뀌면 굳이 武力(무력)남침을 할 필요도 없이 공산
화시킬 수 있다.

〈국가 안보문제 전반에 대한 결정에서 시민참여를 보장한다.〉

여기서 시민이라 함은 민주당과 통진당 지지자들, 즉 종북좌파 성향
의 세력을 뜻한다고 봄이 타당할 것이다. 종북좌파 성향의 민간세력까
지, 軍의 안보정책 전반에 개입하도록 하겠다는 섬뜩한 예고이다. 국
군을 일종의 黨軍(당군)으로 개편하려는 의도로 보인다. 예컨대 장성진
급심사위원회에 종북민간인들을 들여보내 반공적인 군인들을 배제하
거나, 정훈교육 심의위원회를 만들어 좌익인사들을 포진시키고, 反共
정훈교육을 금지시키거나, 북괴군을 主敵이 아니라 우군으로 가르치
도록 하겠다는 의도이다. 통진당은 따로 선거기간 중 예비군 폐지를
공약하였고, 강령엔 韓美동맹해체를 넣었다. 이들이 민주당과 손잡고
가장 중점적으로 하려고 했던 건 反共武力으로서의 國軍(국군)해체였을
것이다.

'적을 위하여 대한민국과 싸우겠다는 자들'

2013년 9월4일 소설가 출신인 김한길 민주당 대표가 名言(명언)을 남겼다.

"전쟁이 일어났을 때 敵(적)을 위해서 대한민국과 싸우겠다는 자들은
바로 우리와 우리 자식들에게 등 뒤에서 비수를 꽂겠다는 세력이다."

북한의 남침이나 도발에 호응하기 위하여 무장 폭동을 음모한 혐의를
받는 이석기 세력에 대한 가장 정확한 定義(정의)였다. 이석기를 '대한민
국의 敵'으로 규정한 셈이다. 보통 적이 아니라 戰時에 적의 편에 서서
조국에 대항하기로 한 敵이다. 김한길 대표의 정의를 법률적으로 해석
하면 형법 제93조 與敵罪(여적죄)에 해당한다. '적국과 합세하여 대한민
국에 抗敵(항적)한 자는 사형에 처한다.'

오랜만에 與野(여야)가 합의하여 압도적 찬성으로 이석기 의원 체포
동의안을 가결시킨 것은 한국의 정치가 反헌법세력을 추방하는 데 自淨
(자정)능력을 발휘할 수 있을 것이란 희망을 갖게 하였다.

법무부도 '위헌 정당·단체 관련 대책 특별팀'을 구성, 통진당을 위헌
정당으로 해산시키는 방안을 검토하고 있다. 법무부 조상철 대변인은,
"특별팀은 자유민주적 기본질서를 위해하는 정당 및 단체와 관련된 제
반 문제를 검토하고 대책을 마련할 계획"이라고 설명했다. 국민수 법무
부 차관 직속으로 꾸려진 특별팀은 정점식(48·검사장) 서울고검 공판부
장이 이끈다고 한다. 부장검사 1명과 평검사 2명, 법무부 국가송무과와
공안기획과, 대검찰청 공안부 검사 등이 참여한다. 국민행동본부는, 민
노당과 통진당에 대하여 법무부에 세 차례 해산청원을 낸 적이 있다. 헌

법 제8조는 민주적 기본질서에 위배된 목적과 활동을 하는 정당은 정부가 헌법재판소에 제소, 해산시킬 수 있다고 규정했다.

국민행동본부는 통진당의 강령부터 문제 삼았다.

〈강령 前文(전문)에서 "일하는 사람이 주인 되는 자주적 민주정부를 세우고, 민중이 정치 경제 사회 문화 등 사회생활 전반의 진정한 주인이 되는 진보적인 민주주의 사회를 실현하겠다", 제3조에서 "민중주권 보장을 위해 정당법과 선거법 개정을 추진한다"는 등의 내용을 선언한 것은 대한민국이 채택하고 있는 자유민주주의 체제와 국민주권 원칙을 부정하고, 이를 전복 내지 파괴하여 다른 체제(프롤레타리아 독재)를 만들겠다는 의미가 담겨 있다고 보지 않을 수 없다.〉

통진당 해산 사유들

• 통합진보당은 이석기 사건이 터졌을 때 그를 비호함으로써 RO와 통진당은 본질적으로 같은 목적과 활동을 하는 단체임을 스스로 입증하였다.

• 통합진보당을 해산시키지 않으면 국민세금이 지원된다. 국민세금이 반역자금으로 轉用(전용)될 위험이 있다. 국회의원이나 정당을 내란목적으로 이용하면 대통령 암살도 어렵지 않다. 중요한 군사비밀도 얻을 수 있다. 국회의원과 정당의 특권을 이용한 국가變亂 기도는 막기 어렵다.

• 통합진보당의 反국가적-反헌법적 행위는 이들의 이념에서 비롯된 자연스런 현상이다. 통진당 강령은 대한민국 헌법이 규정한 자유민주주의와 국민主權(주권)을 부정하는 민중主權('일하는 사람이 주인이 되는 자주적

민주정부'), 즉 계급독재를 최고 이념으로 설정하였다.

• 강령은 또 주한미군 철수, 국가보안법 폐지, 한미동맹 해체, 反헌법적 통일방안 지지(6·15선언에 입각한 자주적 통일 운운)를 명시하고 있다.

• 통합진보당은 前身(전신)인 민주노동당 시절부터 수많은 간첩사건과 연루되었고, 간첩죄로 형을 살고 나온 사람을 요직에 등용하기도 했다.

• 이번 이석기 영장 집행 방해 사건에서 드러났듯이 법치를 부정하는 행위를 상습적으로 하고 있다.

사실상 테러단체

김대중 정권 때인 2001년 11월26일 차관회의에서 의결된 '테러방지법안'(아직 국회를 통과하지 못함)은 테러를 이렇게 규정하였다.

> 〈'테러'라 함은 정치적·종교적·이념적 또는 민족적 목적을 가진 개인이나 집단이 그 목적을 추구하거나 그 주의 또는 주장을 널리 알리기 위하여 계획적으로 행하는 행위로서 국가안보 또는 외교관계에 영향을 미치거나 중대한 사회적 불안을 야기하는 행위를 말한다.〉

2011년에 국회가 韓美 FTA 법안을 처리하려 할 때 통진당의 전신인 민노당의 김선동 의원은 최루탄을 던져, 폭발시켰다. 이 행위에 대하여 검찰은 '총포, 도검, 화약류 등 단속법 위반죄'를 적용, 기소하였다. 2013년 초 1심은 그에게 징역 1년에 집행유예 2년을 선고하였다. 김선동 의원은 지금 통진당 소속이다. 그는 최루탄을 던진 자신의 행위를 안중근 의사의 심정에 비유하였다. 총만 구할 수 있었다면 자신의 이념적

敵을 향하여 실탄을 쏘았을지도 모를 일이다.

통진당 의원 6명 중 네 명이 전과자이고, 3명은 국가보안법 위반 전과자이다. 그중의 한 명인 이석기 의원은 세계 최대의 테러집단인 북한 정권을 사령탑으로 삼고, 무장 폭동을 준비한 혐의로 구속되었다. 9·11 테러는 19명의 알카에다 요원이 권총 한 자루 없이 커터 칼로 무장, 네 대의 비행기를 납치하여 3000명을 죽인 사건이다. 과학기술이 진보할수록 소수에 의한 急所(급소) 공격이 용이하고 효율적이다. 이석기 조직이 130명이라고 우습게보지 말아야 할 이유는 이들이 증오심과 이념으로 무장한 인간폭탄이 될 위험성이 있기 때문이다. 결론적으로 국회를 사회주의 혁명의 교두보로 삼고 있는 통합진보당은 존재 그 자체가 北을 유혹하는 남침 초대장이다.

3

RO 비밀회합 녹취록 해설

RO 비밀회합 녹취록 해설

이석기, "전쟁을 위한 물질 · 기술적 준비 체계를 반드시 구축해야"

趙甲濟(조갑제닷컴 대표)

"정전협정을 무효화한다는 것은 전쟁인 거다"

국정원이 이석기 구속영장신청서에서 가장 중점적으로 부각시킨 증
거물은 2013년 5월12일 밤에 있었던 RO 비밀회합 녹취록이다. 이 회합
은 5월10일 회합을 이은 것이다. 국정원은 구속영장신청서에 이렇게 적
었다.

> 〈'RO' 총책인 피의자 이석기는 2013.5.10. 22:20경~22:30경간 경
> 기도 광주시 소재 '곤지암청소년수련원'에 공동피의자 홍순석 · 이상
> 호 · 한동근 · 김홍열 · 김근래 · 조양원 · 우위영 · 박민정 · 이영춘 등을
> 비롯한 조직원 130여 명을 집결시켜 제1차 비밀회합을 개최하였다.
> 同(동) 회합에서 사회를 맡은 경기북부 지역책인 공동피의자 김홍열

은 현 정세를 "미 제국주의가 침략하는 전쟁 상황"이라면서 "미 제국주의에 맞서 싸워 승리하여 새 사회 건설을 결의하자"고 선동하였다.

이어 연단에 오른 피의자 이석기는 "현 정세는 혁명과 反혁명을 가르는 매우 중요한 시기"이며 同 회합이 "우리 민족의 새로운 전환을 새롭게 결의하는 대장정을 우리가 어떻게 준비하고 만회할까에 대한 혁명적 결의를 다지는 자리"라는 등으로 북한의 전쟁 상황 조성 시 이에 대비한 조직 차원의 준비를 선동하였다.

그러던 중 피의자 이석기는 조직의 지휘성원인 공동피의자 김근래가 술에 취해 전쟁 상황 대비 회합에 참석한 모습 등 조직원들의 기강해이 상태와 회합 장소의 보안 상태 등을 이유로 지휘성원들을 질타한 후 연설을 시작한 지 10여 분만인 22:30경 조직원들을 해산시키면서 "또 내가 소집령이 떨어지면 정말 바람처럼 와서 순식간에 오시라. 그게 현 정세가 요구하는 우리의 생활태도이자 사업작풍이고 당 내 전쟁기풍을 준비하는 데 대한 현실문제라는 것을 똑똑히 기억하라"고 지시하는 한편, "3월 5일 조선인민군 최고사령부에서 정전협정을 무효화했다. 정전협정을 무효화한다는 것은 전쟁인 거다"라고 하는 등, 조직원들이 '혁명의 결정적 시기'에 대한 인식을 분명히 할 것을 재강조하였다.〉

"아이 안고 오지 마시라고. 전쟁터에 아이를 데리고 가는 사람은 없지"

당시 이석기의 주요 언급내용은 아래와 같다.

〈▶현재 2013년도에 우리 한반도의 정세는 우리가 그간에 한 번도 경험하지 못한 새로운 역사라는 것. 조금 전에 위기 운운하는데 위기가 도대체 뭐가 위기라는 거여. 전쟁이여.

▶전쟁에는 두 가지 전쟁이 있다는 겁니다. 정의의 전쟁이 있고 불의의 전쟁이 있고, 혁명의 전쟁이 있고 단위의 전쟁이 있는 거여. 현재 조성된 우리 조선반도의 현 정세는 혁명과 反혁명을 가르는 매우 중요한 시기라는 것을 우리 국민들이 똑똑히 아셔야 된다.

▶오늘 이 자리는 지난 작년의 당 사태에 대한 교훈과 결의, 새로운 轉機(전기)를 도모하는 자리가 아니라 한 번도 없었던 60년 이래에 해방 이후에 더 나가서는 조선 백년의 역사에 우리 민족의 새로운 전환을 새롭게 결의하는 대장정을 우리가 어떻게 준비하고 만회할까에 대한 혁명적 결의를 다지는 자리였다고 생각합니다. '김근래 지휘원' 자네 뭐하는 거야 지금!

▶여러분 얼굴이 보고 싶어서 왔습니다. 오늘 장소는 적절치 않다. 이 자리는 노래도 없었다. 마이크도 필요 없습니다. 불도 필요 없는 거예요. 우리의 심장과 우리의 눈빛과 우리의 단결의 힘이 (·)의 하나로 뭉쳐지는 지난해 全세계에 정당사에 하나도 없었던 엄청난 탄압을 뚫고 우리 동지들의 피의 이성을 강화하면서 당을 지켜냈던 우리 동지들의 자산이 우리 힘의 원천이고 저 놈들을 두려워 무섭지도 않다.

▶그러나 명심하시라. 지금은 전혀 달라. 정세가 달라진다. 오늘 이 자리는 정세를 강연하러 온 것이 아니라 당면 정세에서 우리가 무엇을 준비하고 무엇을 싸울 것인가? 그 결의를 하기 위해 왔습니다. 날을 다시 잡아서 다시 만나기로 그렇게 마감하는 것으로 대신

하겠습니다. 그래도 되겠습니까?

▶각자의 또 내가 소집령이 떨어지면 정말 바람처럼 와서 순식간에 오시라. 그게 현정세가 요구하는 우리의 생활태도이자 사업작풍이고 당 내 전쟁기풍을 준비하는 데 대한 현실문제라는 것을 똑똑히 기업하십시오. 아이 안고 오지 마시라고. 전쟁터에 아이를 데리고 가는 사람은 없지.

▶우린 준전시가 아니라 전쟁이라고. 3월5일자 조선인민군 최고사령부에서 정전협정을 무효화했다고. 정전협정을 무효화한다는 것은 전쟁인 거라고. 그 전쟁이 기존 전쟁과 다른 형태로 나타날 수 있다는 것을 똑똑히 기억하시면 좋을 것 같아.〉

종교시설에 130명 집결시켜, '反美대결전' 다짐

국정원은 〈이와 같이 RO 총책인 피의자 이석기는 북한의 '정전협정 백지화' 선언(2013.3.5.)을 '전쟁 상황'으로 판단하고 그 수행 방안을 음모할 목적으로 1차 비밀회합을 소집하였으나, 집결한 조직원들의 기강해이 및 회합 장소의 보안 미비를 이유로 회합을 조기 종료하면서, 추후 불시에 2차 소집령을 하달하여 전쟁 상황에 대비한 '혁명적 결의'에 대한 구체적 실행방안을 논의할 것임을 고지하였다〉고 했다.

이후 RO 총책인 피의자 이석기는 전쟁 상황에서 조직원의 혁명적 결의를 최종 점검하고 공산화혁명을 수행할 구체적 방안을 모의하기 위해 2013.5.12.경 지역책들을 통해 전체 조직원들에게 재차 소집령을 발령하여 2013.5.12. 22:00 서울시 마포구 합정동 소재 '마리스타 교육수사회 강당'에 집결할 것을 지시하였다.

〈이에 따라 'RO' 중서부권역의 경우, 지역책인 공동피의자 홍순석이 2013.5.12. 14:00경 안양시 만안구 소재 만안구청 주차장 앞에서 조직원 ○○○을 직접 접촉하여 2차 소집령을 하달하였다.

◇계획대로 RO 총책인 피의자 이석기는 2013.5.12. 22:00경~5.13. 02:00경간 서울시 마포구 합정동 소재 '마리스타 교육수사회 강당'에 공동피의자 홍순석·이상호·한동근·우위영·박민정·김근래·조양원·김홍열·이영춘 등 RO 조직원 130여 명을 집결시켜 제2차 비밀회합을 개최하였다.

동 회합의 사회를 맡은 경기북부 지역책인 공동피의자 김홍열은 "조국의 현실은 전쟁이냐 평화냐고 하는 엄중한 상황이며, 침략전쟁을 정의의 전쟁으로 화답하고자 하는 솔민족의 투쟁의 의지가 높아가고 있는 현실"이라면서 "미제의 전쟁 책동은 우리 민족 공동의 적이 누구인지, 그리고 원수가 누구인지를 똑똑히 보여주고 있다. 반미 대결전을 승리로 결집시키기 위해서는 민족주체 혁명을, 압도적 우위를 보장해야 한다. 이 모든 것을 실현하기 위해 온몸을 다 바쳐 싸워나가야 한다"라는 등으로 북한의 전쟁도발을, 남한에서 미 제국주의 세력을 축출하는 반미대결전의 기회라고 선동하였는데, 주요 내용은 다음과 같다.

▶여전히 조국의 현실은 전쟁이냐 평화냐고 하는 엄중한 상황에 놓여 있고 그리고 침략전쟁을 정의의 전쟁으로 화답하고자 하는 솔민족의 투쟁의 의지가 높아가고 있는 현실입니다.

▶지난번에도 말씀드렸다시피 남녘의 땅과 바다에서는 지난 3월과 4월에 이어서 조국을 향한 核 침략책동이 계속해서 진행되고 있습니다. 우리 민족의 생존을 볼모로 벌이는 美帝의 전쟁 책동은 우리

민족 공동의 적이 누구인지, 그리고 원수가 누구인지를 똑똑히 보여주고 있습니다.

▶그럼 민중의례를 진행하도록 하겠습니다. 모두 자리에서 일어서 주십시오. 자주·민주·통일을 위해서 민족과 민중의 힘으로 부여되는 새로운 사회를 위해 온몸을 던져 피 흘려 싸우시다 생을 달리하신 선배 애국투사들과 그리고 오늘도 묵묵히 걸어가고 있는 혁명동지들을 생각하며 묵상하도록 하겠습니다. 일동 묵상! 묵상 바로! 앉아주시기 바랍니다.

▶벌어지고 있는 정세는 과연 민족 생존의 수호자가 누구인지, 그리고 정의를 수호하는 방패막이 무엇인지를 똑똑히 보여주고 있습니다. 조국 땅 어디에서나 벌어지고 있는 反美 대결전을 승리로 결집시키기 위해서는 민족주체 혁명의 압도적 우위를 보장해야 합니다. 이 모든 것을 실현하기 위해 온몸을 다 바쳐 싸워나가야 합니다. 이것이 오늘 조국과 민족이 우리에게 절박하게 요구하고 있는 것입니다.

▶조국과 민족 앞에 전개되고 있는 엄혹한 정세의 요구에 전적으로 떨쳐 나갈 것을 결의하고, 이석기 대표님을 모시도록 하겠습니다. 힘차게 박수로 모시겠습니다.〉

"다 바람처럼 오셨습니까?"

국정원은, 〈피의자 이석기는 집결한 조직원들에게 북한 조선인민군 최고사령부 대변인의 '정전협정 백지화' 성명 발표로 조성된 현 정세는 "혁명을 준비하는 사람들에게는 위기가 아니라 강력한 혁명적 계기"이며, "조국통일, 통일혁명은 남북의 자주역량에 의해서 할 수 있다"고 강조한 후, 혁명의 결정적 시기에 대비한 물질적·기술적 방안에 대해 모의할 것을 지시하고, 특히 공동피의자 홍순석의 조직투쟁 방향에 대한 질문에 대해 '역사적 경험과 조선반도에 진행된 결과를 보면 최후에는 군사적으로 결정될 수밖에 없다'며 평화협정 등 대화보다는 군사적 조치의 중요성을 강조하고, 그러한 군사적 조치를 위한 준비를 위해 조직원들이 철저히 준비해야 한다고 재차 지시하였는데, 주요 언급내용은 다음과 같다〉고 썼다.

〈▶정말 우리 동지들이 얼마나 중요한 사람들인데, 이를 위해 수많은 일정에도 불구하고 긴급방침이 떨어지면 다 제끼고 일사불란하게 올 수 있는 동지들이 우리 동지들이다. 이렇게 훌륭한 동지들이 시퍼렇게 눈을 뜨고 자기 사업장에서 자기 초소에서 묵묵히 일하고 있음에도 불구하고 단지 현저하게 (·) 현 정세를 지극히 안일하게 바라보는 말로만 전쟁이요.

▶전선이라 표현하면서도 사회에는 강력한 급진주의적 경향이 있음에도 불구하고, 현실은 안이하다. 제가 왜 지난번 곤지암에 간 거는, 무방비 상태예요. 깨놓고 말해서 여기 동지들 전부 요시찰 대상이에요. 그만큼 혁명적 애국주의를 겸비한 이 시대의 선각자라고. 정규전과 상관없이 현재 여기 있는 우리들은 경험이 가장 많은, 가장 두려워하는, 그야말로 현 시기에 가장 선제타격할 대상들이 여기 있는 동지라고.

▶보위에는 바늘 틈 하나도 흥정할 겨를이 없는 거야. 개인이 서로 각오 결의, 책임진다. 책임질 수 없는 겁니다. 동지들의 생명, 동지들이 한 사람도 아니고, 이 많은 동지들이 모이는 장소를, 그 전체

생명, 육체 생명까지 무슨 수로 책임진다는 겁니까? 그렇게 만만히 본 거지 여러분들은?

▶우리가 그간에 10년, 30년, 지하에서 전장에서, 보이는 보이지 않는 수많은 동지들의 피의 희생을 거쳐서 우리가 여기까지 왔다고. 이제야말로 大결산, 그야말로 결산을 (·)하는 대결전장인데, 보위에 대해서는 아무리 강조해도 지나치지 않는다. 그 누구도 보위의 문제에서는 타협할 권리도 없고, 단지 지켜야 할 숭고한 의무만 있다고 봅니다.

▶그래서 지난 어제, 그제죠. 곤지암에 굉장히 어렵게 왔는데. 그때도 다 차를 두시고, 차량도 갈아타고, 모르시는 동지들이 새로 오면은, 잘 오셨다고. 그런데 곤지암 형태의 저놈과의 관계를 볼 때는 판단할 수가 없다. 우리는 어떠한 정황과 조건에도 우위에 의해서 만들어가고, 우리가 가장 유리한 시기의 유리한 조건에 싸우는데 대한 백전백승의 필승의 기회가 있었다고 봅니다. 지난 곤지암은 우리가 불리하다고 봤다고. 그 행사가. 왜? 대처할 수 없으니깐.

▶짧은 기간에, 48시간도 안 되는데 우리 동지들이 애를 쓰셔서 결전성지 장소에 긴급하게 한 걸음처럼, 그러한 우리 곤지암에 (·) 바람처럼 모이라고 약속했는데, 다 바람처럼 오셨습니까?〉

"총선 때 대담한 혁명의 진출을 했다"

이석기의 이야기는 계속된다. 그는 2012년 4·11총선을 통하여 통진당이 약진한 것을 "원내 교두보를 확보하는 그런 전략적 구도 하에 대담한 혁명의 진출을 했다"고 自讚(자찬)하였다.

〈▶우리는 작년에 이미 올해를 예측한 것은 아니었으나 예상한 것은 아니죠. 근데 우리가 작년에 연초부터 시작해서 현실 시대를 규정한 바가 있습니다. 현재는 현 정세는 현 시대는, 미 제국주의에게 지배질서가, 미 제국주의에 의한 낡은 지배질서가 몰락 붕괴하고, 우리 민중의 새로운 自力(자력) 진출에 의한 새로운 질서가 교체되는 치열한 격동기의 대시대 격변기다. 그렇게 정의한 바가 있습니다. 다 기억하시죠?

▶그 전제에서 몇 가지만, 특히 우리 동지들은 우리가 많은 토론과 공부를 통해서 정치사업에 미치는 것이 높다고 생각하는데, 놓치는 부분만 주의해서 말씀을 전해드리고, 동지들이 당면한 시기에 무엇을 어떻게 싸울 것인가? 이게 더 중요하다고 봅니다.

▶이 시대적 격변기에 낡은 시대가 가고 새로운 시대가 자라는데, 미 제국주의자들이 全세계 속에서 정치·경제·군사·환경·문화에 패권의 질서가 붕괴되고 있다. 미 제국주의들이 全세계를 말아먹고 미화가 팽창하는 낡은 수법이 (·) 급변하는 새로운 대전환기에 (·)이라는 것을 말씀드리려고 합니다. 그것 또한 기억하실 거라고 그렇죠?

▶단 이러한 대격변기에 조선반도는 어떤 곳이냐? 미 제국주의의 지배질서의 가장 약한 고리이고, 그러나 민족적 계급적 조합이 가장 첨예하게 충돌한 지역이 바로 조선반도다. 뒤집어 말하면 조선반도가 의미하는 것은 미국의 세계질서를 근본을 약화시킴과 동시에 미 중심의 패권주의인 제국을 무너뜨리는 세계 혁명의 중심 무대가 될 거라고 저는 그렇게 보고 있습니다.

▶이 격변기에 낡은 세계와 새로운 세계를 첨예하게 충돌, 전환하는 역사의 시기에 우리 동지들이 한복판에 와 있습니다. 그렇게 보

면 全세계적 범위에서 조선반도에 전개되는 이 새로운 의미와 민족
사적 시대적 격변기라는 것을 똑똑히 인식하는 것이 좋겠다. 全세
계적으로 조선반도에 이루어지는 미국의 낡은 질서와 새로운 질서,
민족사적으로 보면 새로운 충돌의 장이다. 그렇게 정의하시면 될
거라고 봅니다. 이해하시죠?

▶국내적으로는 그런 범위에서 국내적으로는 우리가 작년에 새로
운 시기적 전환기를 주동적으로 돌파하기 위해서 미 제국주의의 낡
은 양당 질서라는 체계를 끊어뜨리고, 새로운 인식의 구도를 밑으
로부터 해서 우리 진보당을 만들었고, 진보적 대중역량을 새롭게
구성하면서 지난해 4·11총선 그리고 원내 교두보를 확보하는 그런
전략적 구도 하에 대담한 혁명의 진출을 했고.

▶그 혁명의 진출의 근본은 미 제국주의자들은 우리에게 (·)는 전방
위의 사상 유례가 없는 총공세를 퍼부었고, 그 총공세에 우리 동지들
이 지난 (·) 투쟁에서 혁명이나 동지로 무장된 이 세력은 필승불패라
는 강한 독립부대의 위용을 내외에 시위함으로써 진보당의 역량의
자리가 더욱 더 강해지고, 새로운 전환기에 (·)를 개척하는 강력한 정
치 (·)로서 우리 역량을 시위했다고 봅니다. 그것 또한 다 기억하죠?〉

北이 핵강국 되었다고 기고만장

이석기는 북한정권의 미사일과 핵실험을 대단히 높게 평가한다. 北의
선전을 그대로 수용하여 북한이 핵강국이 되었으며 따라서 기존의 휴전
체제는 끝장났다고 좋아한다. 상황을 北에 유리하게 과대평가하고 있다
는 느낌이 든다.

〈▶자. 현재는 2013년, 2012년과 그 전과 전혀 다르다. 현 정세에 대한 세 가지 정도를 이해하시면 작년 2012년에 12월12일 띄웠던 광명성 3호로 표현되는 위성의 3호, 이게 연이어 올린 거야. 이게 이걸 우주과학 역사를 보면 엄청난 일이야. 우리가 (·) 된 (·)이 아니기 때문에 그야말로 대단하다. 단순히 비교하는 게 나로호하고 비교해서.

▶여기서 말하는 핵보유 강국 개념의 분기점은 이미 북은 3차 핵실험을 통해서 소형화·경량화·자동화를 이뤘고, 더 나아가서는 정밀도, 정밀도에 의해서 미국 본토까지 타격할 수 있는 위협세력으로 등장했다. 이 말이 곧 핵보유 강국이라는 겁니다. 그거를 자꾸 이야기해. 아까 과학기술의 발전에 핵보유의 북미 정부가 (·)게 아니고, 이건 전쟁이야 전쟁. 군사적 전쟁에 관한 현실적인 문제라고.

▶그러니깐 정의를 내리면 그런 거죠. 북은 핵보유 강국이 되었다는 것. 미 국방정보국이라든가, 미 전략세미나의 다양한 공식 의견을 보면, 가치판단을 그 다음에 하자 이거죠. 핵보유 강국이 되었다는 것이고, 두 번째는 북은 미국의 위협세력이라는 것. 이것은 팩트다 객관적인 거다. 세 번째는 3월5일로 표현되는 3월의 정전협정 무효화를 통해서 이제는 조미(북미)간의 기존의 낡은 관계는 기대할 수 없다. 정전협정으로 표현되는 60년이라는 이 휴전 형태의 기형적 구조는 끝났다. 이 세 가지는 객관적이라는 거죠. 그러면 과거는 할 수 없는 거고, 새로운 단계 같은데, 새로운 단계는 어떻게 할 거냐? 현 정세를 관통하는 기본이다. 그 이야기를 우리가 지금 하는 겁니다. 이해됩니까?〉

"북은 모든 행위가 애국적, 우리는 모든 행위가 다 반역적"

이석기는 '제2의 고난의 행군을 각오해야 한다'면서도 '강력한 혁명의 계기가 왔다'고 강조한다.

〈▶긴급하게 우리들도 이런 현 정세에 대한 정확히 직시하자. 그래서 토론회를 조직하고 요청하지 않았나 생각했는데, 남측의 관점에서 바라봐 가지고 일면이 있는 거고, 북측의 관점에서 바라봐서 일면이 있는 거예요. 그럼 어떻게 봐야 돼?

▶조선인민이라는 전체적 관점에서, 조선민족이라는 자주적 관점에 서서 남쪽의 혁명을 책임진다는 자주적, 주체적 입장에서 현 정세를 바라보면 옳다. 그렇게 이해하시면 돼요? 이해됩니까?

▶조국통일은 통일혁명은 남북의 자주역량에 의해서 할 수 있다. 이게 현 정세는 새로운 의식, 전쟁에 대한 이해를 직시하자 이거야. 그런 직시를 함께 하기 위해서 오늘 이 자리에 모인 거다.

▶우리 입장은 어떻게? 우리는 어떠한 입장을 갖춰야 되는가? 당연히 남북의 자주역량 관점에서 미 제국주의 군사적 방향과 군사체계를 끝장내겠다는, 이러한 전체 조선민족의 입장에서 남녘의 역량을 책임지는 사람답게 주체적이고 자주적으로 이 정세를 바라보고 준비해야 된다. (·) 이해하십니까?

▶이 지극히 상식적인 정치적 입장에서 (·) 저놈들이 (·) 여기서 남녘의 혁명가는 어떠한 입장을 가지고 (·) 과연 무엇을 할 것이냐?

▶전체의 정치적 관점에서 조선민족이라는 자주적 관점에서, 남녘의 혁명을 책임지는 주체적이고 자주적인 (·) 출발하되, 현 정세를

위해 무엇을 할 것이냐? 첫째는 필승의 신념으로 무장돼야 한다. 스스로가. 정치사상적으로 당면 정세에 대한 확고한 인식과 사상적 무장이 선결되어야만 한다. 현 정세에서 바라보는 일면적이거나 편향적이거나 때에 따라서는 분단의 사고에 찌들어 있으면, 현 정세의 역동성과 변화의 큰 흐름, 역사의 본류의 큰 흐름을 보지 못한다. 필승의 신념으로 철저히 무장하자. 첫 번째는. 이건 굉장히 중요한 문제죠.

▶그런데 이보다 더 중요하게 하나 더 강조할 게 있다는 거죠. 현 정세와 본질, 대격변기와 대전환기라는 흐름은 분명하다. 그런데 남녘에 있는 우리는 상당히 어려움이 있다. 고난을 각오하라. 제2의 고난의 행군을 각오해야 한다.

▶왜 우리 위기인가? 낡은 체계에서 승승장구하는 그 지배세력이 어젯날 그젯날과 그거와 똑같은 영구적인 자기 지배 체계를 바라보는 놈들이 그 질서와 체계가 붕괴될 조짐이 드러날 경우에 위기 거고, 우리는 이 질서와 체계를 근본을 무너뜨리는 새로운 질서를 구축하고 새로운 미래와 새로운 단계의 새 혁명을 준비하는 사람들에게는 위기가 아니라 강력한 혁명적 계기다, 그렇게 보는 거죠.

▶우리가 지배세력이 아니잖아. 근데 북은 집권당 아니야. 그렇지. 거기는 모든 행위가 다 애국적이야. 다 상을 받아야 돼. 그런데 우리는 모든 행위가 다 반역이야. 지배세력한테는 그런 거야.〉

"북은 집권당 아니야. 그렇지. 거기는 모든 행위가 다 애국적이야. 다 상을 받아야 돼. 그런데 우리는 모든 행위가 다 반역이야. 지배세력한테는 그런 거야."

이 대목을 놓고 언론은 이석기가 북한정권은 애국적이고 '우리', 즉 대한민국은 반역적이라고 말한 것처럼 해석했다. '우리'를 '대한민국'으로 본 것이다.

그런데 애국가를 거부하는 이석기가 대한민국을 '우리'라고 부를 리 없다. 그렇다면 '우리'는 '우리 혁명 동지'이고, '다 반역이야'라는 뜻은 남한의 지배세력에게는 '우리'가 '다 반역'이란 뜻으로 풀어야 하지 않을까? 결국은 대한민국을 반역세력, 북한정권을 애국세력으로 보는 論法(논법)이다.

"전쟁 준비를 위해 물질적 · 기술적 준비 체계 구축해야"

이석기는 북한정권이 핵보유 강국이 되었으므로 이제는 전쟁 개념도 바뀌어야 한다고 말한다. 비정규전과 局地戰(국지전)에 대비하여, 즉 새로운 전쟁에 대비하여, "물질, 기술적 준비 체계를 반드시 구축해야 한다"고 말한다. '물질, 기술적 준비'라는 키워드가 이날 밤 비밀회의의 話頭(화두)이다. 나중에 구체화되지만 그 의미는 비정규전을 위한 무장과 정보수집 등이다.

〈▶핵보유 강국이 되면 전면전이 없는 거예요. 그것을 다 아셔야 해… 북미간의 전면적 대결을 못할 거라고. 그렇게 되면 전투가 나서 천만 이상이 죽어버려요. 거의 조선시대로 회귀하는 거예요. 그것을 원하지 않을 거다. 미국놈들도.

▶여기서 나온 게 이른바 전면전이 아닌 국지전 · 정규전의 전면전이 아닌 비정규전. 이런 상태가 앞으로 전개가 될 것이다.

▶새로운 형태의 전쟁이 전개되는 것이다. 여기서 굉장히 중요한 것은 현대전의 영역이 심리전이고 사상전이다.

▶우리가 선전선동이 굉장히 중요합니다.

▶이게 그 전과 다른 현재에는 정치, 군사적인 대결이 첨예하게 전개되고 있다는 것. 그게 심리전·사상전·선전전에서 다양한 방면에서 전개되고 있다는 것이 그 전과 다른 새로운 전쟁의 형태다. 이해됩니까?

▶끝으로 이러한 새로운 전쟁을 진행하는 데에서 우리는 무엇을 할 것이냐?

▶구체적으로 하면 물질, 기술적 준비 체계를 반드시 구축해야 한다. 그런 데로부터 관점을 가져야 합니다. 물질, 기술 준비란 뭐냐? 힘과 힘이 충돌하는 시기에 저놈들이 우리를 방해시켜서 우리가 역량을 압도적인 우위를 점할 수 있도록 그 물질, 기술적 준비를 갖춰야 하는데 왜 기술적인가? 그건 나중에 동료들과 토론에서 한번 고민해 보세요. 이 기술 준비가 필요해요. 포괄적으로 물질적 준비를 갖추자 그렇게 하면 좋을 텐데 조금더 정교하게 물질, 기술적 준비라고 하는 거예요. 이게 현 정세에 우리가 저들과 싸우는 이기는 길이다.

▶그 준비를 조직적으로 또 동지애를 바탕으로 초소까지 한다면 반드시 우리가 승리할 거다. 저는 그렇게, 그리고 이 자리는 단계 형성의 엄청난 무게가 아니라 역사의 대결산을 준비하는 총결산이다.

▶그야말로 끝장을 내보자. 그래서 이 끝장내는 역사의 진행에 새로운 전환기를 우리 손으로 만든 것에 대한 긍지와 자부심을 바탕으로 당면 정세를 또 다가오는 전투를 준비하는 그러나 지금 마치

일정시간이 지나면 이 정세 국면이 끝날 것이라고 착각하거나 그러지 마세요. 이건 이미 전쟁으로 가고 있다는 거. 새 형태의 전쟁이라는 것을 말씀드립니다.

▶민족사의 60년의 총결산이라는 것을 깊이 자각해서 대차게 그리고 엄청난 태세로 여기 있는 동지들이 하나가 되기 위한 (·)가 아니라 모두가 성공해야 하는 것, 여러분들의 한치의 타협을 (·) 전선의 (·)이라는 (·)것을 강력하게 촉구하고 여기 동지들이 영리만 따지지 말고 즉각 전투태세로 돌아갈 수 있을까 하는 건데 동지들은 준비가 잘 됐습니까? 결심은 심장으로 행동으로 준비할 수 있도록 그리고 오늘을 시작으로 해서 다음 대격전지를 웃으면서 걸어 갈 수 있도록. 그리고 가다보면 힘들겠지만 또 힘든 것도 사는 데는 괜찮은 거다. 가치 있는 말이다. 왜 한번만 힘들면 민족사가 변하는데. 민족사의 권한을 승리로 혁명하는데 당당하고 힘차게 싸웠으면 좋겠다.

▶오늘은 2013년 역사의 새로운 장으로 기억했던 각각 자기 자리 한가운데서 정말 긍지와 자부심으로 인생을 추구하는 것도 그것도 복이 아닌가? 생각이 들고 오늘 이 시작으로 격변정세를 주동적으로 준비하는 것에 대한 하나의 결의가 아니라 실질적인 내용으로 물질적으로 강력하게 준비할 수 있도록 당장 준비하기를 바라면서 강의를 마치겠습니다.〉

평택 유류저장고, 혜화 전화국, 私製폭탄

RO 총책인 피의자 이석기의 연설이 끝난 후, 공동피의자 홍순석·이상호·한동근·우위영·박민정·김근래·조양원·김홍열·이영춘 등 참석한 조직원 130여명은 각 圈域(권역)·부문별로 2013.5.13. 00:00~01:00 경간 토론을 진행하였다.

　RO의 경기남부권역의 경우, 지역책인 공동피의자 이상호가 하부 조직원인 공동피의자 한동근을 포함한 조직원 최○○·김○○·홍○○ 등과 함께 물질적·기술적 방안에 대한 협의를 했다. 그 과정이 국정원에 의하여 녹음되어 녹취록 형태로 영장신청서에 올랐다. 이석기가 말한 물질적·기술적 준비는 폭동을 위한 무장과 주요 시설 타격 준비임이 명백해진다.

　〈공동피의자 이상호는 "우리들이 확인한 바에 의하면 주요시설의 주소가 실제와 많이 다르다"면서 북한의 전쟁 상황 조성시 이에 호응하여 우선적으로 油類(유류)저장고·철도·통신시설 등 국가 기간시설에 대한 타격이 가장 중요하므로 평택 油類저장고의 防護(방호) 실태, 철도교통 마비를 위해서는 통제시설을 파괴해야 한다는 점, 통신교란을 위해서는 關門(관문)전화국인 혜화 전화국과 분당 전화국을 파괴해야 하는 점 등 뿐만 아니라, 人命(인명)살상을 위해서 장난감 총기를 살상용으로 개조하는 방법, 인터넷을 통한 私製(사제)폭탄 제조법 습득하고, 무기고나 화학약품 저장고 등의 소재를 지속적으로 파악해두는 방법 등을 물질적·기술적 방안으로 제시하였다. 공동피의자 한동근은 정세에 대한 판단이 중요하고 정보상황을 공유하기 위한 연락체계 구축이 필요하며 전쟁 상황에서 대중조직화 力量(역량) 및 간부역량을 최대한 동원할 수 있는 것이 중요하고 이를 통해 무장도 가능하다는 점을 강조하였다. 경기남부 권역 조직원들의 물질적 기술적 대비에 대한 구체적 협의내용은 다음과 같다.

이상호: 그래서 이러한 문제를 갖다가 같이 이 시기에 우리가 뭘 준비해야 되는가? 물질적으로 기술적으로 뭘 준비해야 하는가에 대한 문제를 같이 한번 이야기를 해봤으면 좋을 것 같습니다. (중략) 그래서 제가 이런 이야기를 사전에 이야기한 부분도 있긴 한데 지역에서 간첩사건으로 연루됐다가 언론사 사업하고 있는 사람이 있는데 나한테 그런 질문을 하더라고요. 전쟁 분위기가 고조가 됐을 때였는데 그래 봐야 2개월 간다. 자기가 볼 때는 자기가 수원지역에서 예비검속의 2인자다. 국정원이 따라다니는 것 보니깐 자기가 이긴 것 같다. 구체적인 이야기 하면은 자기는 조수석에 칼 하나 갖고 다닌다. 자기는 예비검속 당하면 근데 그냥은 안 나간다. 나를 잡으면 한 명을 죽이려고 칼을 넣고 다닌다. 그것이 그 사람의 결의겠죠. 자기가 (·)하는 반드시 한 명은 내가 죽이고 가겠다.

근데 우리가 오늘 이야기하려고 하는 것은 내가 이 지금 격변기에 불가피한 전시상황이 벌어졌을 때 우리가 어떻게 잠재해 있던 전시상황을 유리하게 국면을 전환한다라고 하는 보다 큰 차원에서 문제들이 곳곳에서 (·) (하략)〉

"폭력적인 대응, 기본 계획을 빨리 만들어 줘야 거기에 따라서 훈련도 되고"

〈未詳男(미상남): 그런 것들이 있어요. 전국적으로 미군 유류라인이 (·) 낡아가지고 헐어가지고 (·) 나온 (·).

이상호: 그냥 아주 엑기스만 이야기하셨네요. 그래서 위장을 하자.

위장을 하고 우리가 전시에 차단해야 하는 활동에 대해서는 타격을 주자. 통신을 얘기한 거고 그 다음에 이제 유류고. 그것은 지역별로 할지 전체로 할지 상황에 따라서 검토가 필요한 문제가 있을 거 같은데 중요한 것은 지침은 필요하다는 것에 대해 논의가 되는 거예요. 개별적으로 할 문제는 아니기 때문에 모여야 되겠죠. 거기에 맞춰서 소조가 정해질 거고, 임무가 주어지는 상황이 되고 다른 거는 지금 다른 의문사항에 대해 이야기 해보시죠. 통신하고 그 다음에 기름, 유류에 대한 논의가 됐거나 공유할 부분이 있을 겁니다. 화성에도 다른 지침이 있거나 그러면?

최○○: 얘기하면은 비슷한데요. 어떤 시점에서 예비검속은 피해야 되는 상황이고 뭔가 조짐이 있으면 더욱 구체적으로 해야 하는데 실제로 예비검속은 대부분 사실은 별로 할 수 있는 게 없다. 그렇게 되고 이번에 폭력적인 대응, 기본 계획을 빨리 만들어 줘야 거기에 따라서 훈련도 되고 있는 문제이지.

사실 개별적으로 저장소를 어떻게 한다 불가능한 얘기고, 통신교란 불가능한 얘기고 우리 지역에서 상황이 발생하면 군사쪽으로 움직여야 되는 거고, 군사적으로 움직일 수 있는 위치 체계와 준비가 돼 있는가? 이걸 점검하고 부족한 것은 채워 나가는 부분이라서 어떤 시설에 대한 타격이나 이런 문제도 그게 갖추어줘야 가능한 거지 그렇지 않고는 가능할 수 없다. 그런 매뉴얼을 만들어 필요하면 이런 이런 지침에 의해 움직이는 게 필요하고 다만 언제든지 우리가 움직이더라도 가장 중요한 것은 비상식량이라든가 이런 것들 아닌가? 비상식량, 음식 필요한 이런 것들을 집에 준비하고 당장 할 수 있는 게 그게 아닌가 싶어요. (하략)〉

"수입 장난감총 80만 원 들이면 改造 가능"

〈김○○: 거기에 대해서 모이면 통신 자체가 우리끼리도 연락이 안되는 상황이니까. 그런 얘기해요. 지역별로 모인다 한들 지역과 지역을 연결하는 수단들도 없는데 할 수 있는 핸드폰·전화 이런 거 안 되기 때문에(·) 거기에 따른 수단에 의한 이동 자체가 쉽지 않을 거라고. 핸드폰이라든가 이 자체도 안 되고 그리고 자동차로 움직인다는 것 자체가 안 되서 걸어서 움직이지 이동자체가 참 쉽지 않다. (·) (하략)

이상호: 그것을 (·) 구체적인 것을 여기서 논의하라고 그러면 시간이 제한적이기 때문에 그런 부분도 우리가 방침이나 지침에 의해서 같이 공유하면 될 것 같고 다만 무장하자는 것에 대해서는 동의를 하겠는지? 그러면 무장을 어떻게 할 것인가에 하는 문제는 남는 문제가 있겠죠. 예를 든다면 지금 이제 외국에서 수입해 오는 장난감총 있잖아요. 근데 그게 80만 원 짜리에서 90만 원 짜리 들어가게 되면 가스쇼바가 있는데 개조가 가능하며 그것이 안에 들어가면 비비탄총을 갖다가 새를 쏘지 못하게 하는 것을 사람을 조준하게 만드는 일반 총이 있어요. 그런 것들을 포함해서 예를 들려고 한다면 아니면 지금은 인터넷에서 무기를 만드는 것들에 대한 기초는 나와 있어요.〉

이상호는 수원시 공공기관장

국정원 수사기록에 자주 등장하는 이상호(구속)에 대하여 〈중앙일보〉 9월3일자는 이렇게 보도하였다.

〈2010년 수원시장 선거에서 김현철 민노당 후보가 '야권 공동정부' 구성에 합의, 출마를 포기했고 결국 민주당 염태영 후보가 당선됐다. 염 시장 취임 후 김 씨는 수원시 종합자원봉사센터 상임이사로 취임했다. 이 종합자원봉사센터의 하부기관이 내란음모 혐의로 구속된 이상호 경기진보연대 고문이 맡았던 사회적기업지원센터다. 시 조례에 따라 설립된 공공기관으로 매년 2억 6000만 원을 지원받는다. 사회적기업지원센터는 이 씨와 함께 구속된 한동근 전 통진당 수원시위원장이 이사장으로 있는 '수원새날의료생활협동조합'을 사회적 기업으로 지정해 지원한 것으로 드러났다.〉

사회주의 혁명 세력이 정당을 활용, 정부 예산을 쓰고 있다는 이야기이다. 사회적기업지원센터장인 그는 지난 1월 국정원으로부터 불법사찰 피해를 입었다며 민사소송(2000만 원)을 제기했다. 이 소송은 이상호가 지난 1월3~9일 수원시 장안구 일대에서 국정원 직원 문 모 씨로부터 미행을 당하였다고 주장, 제기한 것이다.

"평택 유류저장소는 관통 어려워. 니켈합금 감싼 시멘트 두께가 90cm. 안에서 파괴하는 게 가장 효과적"

이상호의 이야기는 계속된다.

〈항일 무장단체를 보면 (·)에 강한 사람이 있고, 실제로 그런 사람이 많이 있습니다. 이런 사람들이 우리가 지역별로 잘 파악해서 각자가 가지고 있는 재능이 무엇이 있는지, 예를 들면 폭탄을 제조하는 데 있어서 거기에 내가 참여하는 데 있어서 능력 있는 사람이 있다고 하면은 그 사람이 거기에 우리가 추천하고 참여하면 되는 거예요. 그런 것들을 잘 연구를 해봐야 되겠죠. 저는 아까 잠깐 이야기가 나왔는데 우리나라에서 油類저장이 세계에서 가장 큰 데가 평택에 있는 유조창. 이게 세계에서 가장 큰 저장소예요. 근데 그게 2010년도에 군사훈련을 한 게 나와 있어요. 그래 가지고 인질이 사람을 갖다가 잡아 가지고 뭐 자기가 여기 떠날 수 있도록 조건을 요구하고 해가지고 결국은 시한폭탄을 터뜨려 가지고 했는데, 거기서 나온 자료에 의하면 그 탱크를 둘러싸고 있는 것은 거기 뭐야 안에 있는 게 니켈합금이에요. 그것이 관통하기가 어려워요. 더 중요한 문제는 뭐냐면 니켈합금을 감싸고 있는 것이 두께가 90cm예요. 벽돌로 시멘트로. 그래서 그것이 총알로 뚫을 문제는 아니거든요.

우리가 차로 혼자 다이너마이트 싣고 와 가지고 달라진 것은 아무것도 아니고 폭파되는 문제는 아닌 거예요. 이미 정부에서는 그것이 테러범이 들어왔을 때에는 50사단이 투입이 되고 소방 특공대가 들어가고 다 이미 있는 거죠. 인천에 그런 시설이 있는 거죠. 우리가 조사를 해놨습니다. 그래서 그런 것과 관련해서 이것이 그렇게 무작정 될 문제는 아니고. 다만 戰時상황이라든지 중요한 시기에는 우리가 통신과 철도와 가스, 유류 같은 것을 차단시켜야 되는 문제가 있는 거죠.

그랬을 때 우리가 검토한 바에 의하면 그 시설이 실제로 경비가 엄하진 않았는데 그것이 쉽게 우리가 뭔가를 갖다가 할 수 있는 문제는 아닌 걸로 알고. 그렇다고 그런다면 안에 들어가서 시설을 파괴하는 것이 가장 효과적인 방안이고. 중요시설 안에서 이것들을 하

는 것이 가장 중요하다.〉

"철도 통제하는 곳을 파괴하는 게 가장 효과적"

이상호는 철도를 마비시키는 방법도 논의한다.

〈그 다음에 철도 같은 경우도 철로의 위를 바꾸는 문제가 아니라 그 철도가 지나가는 데 있어가지고 통제하는 곳 이거를 파괴하는 것이 가장 효과적 방법이다. 통신 같은 경우도 가장 큰 데가 혜화국이에요. 전화가 혜화동에 있어요. 그 다음에 분당에 있습니다. 수도 권을 갖다 관통하는 혜화동이고 분당에 있는데 거기에는 쥐새끼 한 마리 들어갈 수 없을 만큼 진공 형태가 되어야 되기 때문에 몇 개의 문을 통과해야 하는 문제가 있고. 저번에 얘기했는데 이런 것들을 봤을 때 이런 것들이 우리가 南에서 戰時상황이 벌어지거나 상황이 된다고 하면은 목숨을 걸고 투쟁하지 않으면 안 되는 일들이 있는 거죠. 목숨을 건다고 되는 문제가 아니라 굉장히 기술적이고 과학적이고 거기에 맞는 뭔가 물질적인 준비를 하지 않으면 안 되는 문제가 있는 거죠.

그런 것들을 우리가 보장받고 실제로 그런 것들을 우리가 준비해야 되는 문제들이 있는 거죠. 그런 것들이 앞으로 된다고 하면 자기 자신을 (·)을 준비하는 차원에서 자기 자신을 보호하는 차원에서 무장하는 문제도 있을 거예요.

더 나아가서 아까 얘기한 것처럼 결정적인 시기가 되면 우리가 목숨을 걸고 수행해야 할 각자 임무들이 부여되면 (·)에 대한 문제가 아니라 거기에 맞는 과학적이고 물질적인 기술적인 문제들이 요구되는 부분들이 있어요. 예를 들면 내가 화공과를 나왔는데 (·)에 대해서 (·)를 제조하면 된다. 그런 식으로…〉

"지금 무기고라든가 화학약품이 있는 거기에 나와 있는 주소가 다 달라요"

한동근은 무기를 어떻게 구할 것인가를 이야기한다.

〈(前略) 그 다음이 조직적으로 역량이 어느 정도 모여지고 생사 확인이 되고 불가피한 상황으로 함께하지 못하는 상황이 있을 수도 있고 함께한 상황이 되면 거기서부터는 저는 대응방안이 다양하게 조직될 수 있다고 보고 그 방안은 항일 무장투쟁 과정에서 봐 왔듯이 같이 우리가 (·) 만들 수 (·) 아이 쳐봤잖아. 파출소도 있고 (·) 좋잖아. 그런 부분에서 실제적인 무기를 가지고 전면전 상황을 우리가 뭐 예비적으로 이렇게 할 게 아니지 않습니까? (中略) 자기 목숨을 걸고 탈취를 할 것이냐? 탈취한 것을 가지고 실질적으로 군사적 대응을 할 것이냐? 이 문제는 다를 수도 있는 문제인데 많은 동지들이 저는 그러한 위급한 상황에 조직적이고 무장된 역량으로 임할 수 (·)〉

이상호는 화약 생산 공장을 파악해 둔 듯하다. 이렇게 말한다.

〈(전략) 또 우리가 중장기적으로는 아까 예를 들어서 평택지역 같은 경우가 군사 조치가 굉장히 꼭 필요하다고 판단되어지는 거기에 사업할 때도 나와요. 그래서 실제로 지역에 우리가 알지 못하지만 중요하게 어떤 화약, 생산하는 곳이 있어요. 검토(?) 받은 바에 의하면 거의 북부지역이고, 남부지역에 2개밖에 없고. 근데 그런 것들도 필요하면 터치해야 되겠지. 그랬을 때 굉장히 질적인 요건들이 필요한 거고 정보도 필요한 거고. 뭘 알아야 다음 액션이 취해질 수 있는 거고. 어디에 뭐가 있는지 모른다. 준비도 없고. (중략) 뭘 준비하고 거기에 어떻게 기여할 수 있는가? 아까도 무기를 얘기하고 총을 얘기했는데. 예를 들면 내가 알아보겠다. 그럼 알아보는 거죠. 드러나게 알아볼 문제는 아니고. 나중에 내가 뭘 만들게 되면 뭔가 좀 재주가 있을 것 같고 뭔가 기여할 수 있을 것 같다라고 한다면 그건 자원이죠. (중략) 지금 무기고라든가 화학약품이 있는 거기에 나와 있는 주소가 다 달라요. 그것이 우리들 모르게 위장하는 거예요. 실제로 안 맞아요. 일치가 되지 않는 거예요. 그래서 약간 이름이 바뀌기도 하고 주소가 틀리기도 하고.〉

"무기 탈취·제작 등을 통한 국가 기간시설 파괴"

이렇게 권역별 협의를 마친 'RO' 조직원들은 2013.5.13. 01:00경 다시 한자리에 모여 공동피의자 김홍열(통진당 경기도당 위원장)의 사회로 권역·부문별로 협의한 내용을 발표하고 이를 전체 조직원이 공유하는 시간을 가졌다.

〈경기동부권역은 지역책인 공동피의자 김근래가 "정세의 엄중함, 심각함, 긴박함에 대해서 공유할 수 있는 시간이었다"면서 폭동을 준비하는 실행방안으로 '①무장 ②전기통신분야에 대한 공격 ③조직원과 필사적 결의' 등의 협의 내용을 발표하였다.

RO 경기남부권역은 지역책인 공동피의자 이상호가 '①지침·매뉴얼의 마련 필요 ②무기 탈취·제작 등을 통한 국가기간시설 파괴 ③대중포섭 등 선전전·사상전·심리전 전개' 등 내용의 협의결과를 발표하였다.

경기중서부권역은 지역책인 공동피의자 홍순석이 '①집단적 조직기풍으로 필승신념 결의 ②무장 ③첨단·해킹기술로 주요시설 마비 ④지도부 보위 ⑤선전전을 통한 대중역량 강화' 등 내용의 협의 결과를 발표하였다.

경기북부권역은 지역 조직원인 공동피의자 이영춘이 '①군사관련 매뉴얼 마련 ②미군 정보 수집 ③국가 기간산업 침투·정보수집 ④후방교란 및 무장파괴 등 군사전을 수행할 팀 구성' 등 내용의 협의결과를 발표하였다.

청년부문은 조직원인 공동피의자 박민정이 '①대중 선전전 준비 ②청년부문의 주체역량 강화 ③동조자 포섭 ④조직의 전쟁수행 지침 수행' 등 내용의 협의 결과를 발표하였다.

중앙팀은 조직원인 공동피의자 우위영이 '①통신망·도로망 파악을 통한 정보전 수행 ②조직원의 직무에 충실하면서 결정적 시기 도래 시 혁명 수행 ③평상시 직무에서 기술적·물질적 준비 ④긴급 소집에 준비태세' 등 내용의 협의결과를 발표하였다.

기타부문을 대표하여 공동피의자 조양원은 '①수뇌부 사수로 일사불란한 지휘체계 구축 ②강력한 조직생활·팀생활로 조직역량 강화 ③목숨 걸고 싸우는 군중사업' 등 내용으로 협의 결과를 발표하였다.〉

"총을 드는 것부터 시작해서"

〈경기동부지역 대표 공동피의자 김근래 발표 내용: 동부 동지들 토론
한 결과를 보고하도록 하겠습니다. 일단 강의 소감과 관련해서 지
금 정세에 대해서 여러 가지 상황들이 있긴 했지만 이렇게 스스로
들이 정세에 대해서 다시 한번 되돌아보고 정세의 엄중함이나 심각
함, 그 다음에 긴박함에 대해서 공유할 수 있는 그리고 느낄 수 있
는 시간이었다 이게 정세와 관련돼서. (중략) 저는 시간 관계상 많은
토론이 되지는 못했지만 핵심적으로는 물질, 기술적 준비와 관련해
서는 여러 가지 의견들이 나왔습니다. 물질, 기술적 준비라 함은 총
을 드는 것부터 시작을 해서 아니면 적들에게 심대한 타격을 입힐
수 있는 전기·통신분야에 대한 공격을 하는 것까지 포함해서 여러
가지 의견들이 나왔는데. (하략)〉

"어떻게 총을 만들 거냐? 부산에 가면 있다. 근무자 포섭하는 사업도 굉장히 중요"

〈경기남부지역 대표 공동피의자 이상호 발표 내용: 적어도 모여야 되
는 것 아니냐? 우리가 모여야지 개인이 싸우는 것이 아니라 집단이
싸워야 되는 거고 조직적인 대응이 필요한데 우리가 한군데 모여서
격변기에 한번 싸우는 데서 주동적으로 싸울 수 있도록 그러한 것
에 대한 지침을 마련해 주었으면 좋겠다는 그러한 의견이 정리가
되었습니다. 그리고 정세 주동성을 마련하기 위해서는 우리가 필요
에 의해서 무장할 필요가 있겠다라는 것이 같이 얘기가 되었고. 총

은 준비해야 되는 게 아니냐? 이런 의견이 나왔습니다. 어떻게 총을 만들 거냐? 부산에 가면 있다. 그래서 굉장히 많이 발달돼서 우리가 정말 손재주가 있으면 항일의 시기에도 지금처럼 기술이 발달되지 않은 시기에도 만들어 썼는데 우리가 손재주가 있고 결의가 있고 거기에 재주가 있는 사람이 있다고 한다면 우리가 만들 수 있지 않겠는가? 라고 하는 문제를 가지고 이야기를 했고요.

그런데 아무튼 그러한 것에 대한 논의 자체가 우리가 비상시기에 어떻게 살 것인가? 라고 하는 것이 관념화되어 있다고 한다면 이런 집단적인 논의를 통해서 정말로 내가 탈취를 하는 과정이라던가 혹은 내가 무기를 만드는 과정이라던가 뭔가 내가 통신선을 파괴하는 어떤 나한테 어떤 임무가 주어질지 모르지만 이러한 것들이 구체적으로 자기의 목숨을 내놓지 않으면 안 되는 상황에 대해서 이런 모임 자체가 여러분이 (·)을 가지기 때문에 자기의 어떤 필승의 신념을 갖는다고 했는데 신념이 이렇게 구체적인 논의 속에서 확인되어서 나온다고요. (중략) 더 중요한 문제는 우리가 물리적인 타격도 중요하겠지만 물리적인 타격을 효과적으로 수행하기 위해서는 거기에 근무하는 사람들을 우리가 반드시 포섭하는 사업도 굉장히 중요할 것이다.〉

"한 동지는 총을 준비해야 된다. 뭐에 할 거냐? 했더니 저격하는 용이다 그러더라고요"

〈경기중서부지역 대표 공동피의자 홍순석 발표 내용: 중서부는 첫 번째 주제인 필승신념을 어떻게 구현할 것인가? 두 번째 주제죠. 물질, 기술적으로 어떻게 할 것인가? (중략) 두 번째 과제인 물질, 기술적 준비인데 이것은 구체적 토론이 나온 것도 있고요 발표하겠습니다. 한 동지는 총을 준비해야 된다. 뭐에 할 거냐? 했더니 저격하는 용이다 그러더라고요. 그런 것을 고민을 요즘에 한 적이 있다 했구요. 그러다 보니까 무기습득, 기술습득 막 그랬는데 역시 뜬 구름이었습니다. 두 번째 한 동지는 주요시설 마비시키려면 요즘에 첨단기술이니 해킹기술로 레이더 기지나 이런 것들을 마비시킬 수 있다 그랬는데 이것도 뜬 구름이었고. 세 번째 동지는 좀 구체적이었습니다. 우리가 물질, 기술적 준비의 핵심은 지도부를 중심으로 지도부를 지키는 것부터 시작해야 한다. 그래서 사람, 물질, 기술적 준비는 여기에 일차적인 힘을 집중해야 된다 이런 얘기를 한 동지도 있고요. 이런 여러 가지 문제에서 역시 오더가 딱 떨어지면 나와야 되는데 그런 준비는 되어 있는가? 이것을 돌아보면서 준비를 해야 된다 하면서 전체가 공감했던 내용이었습니다. 그리고 한 동지는 마지막 제기한 동지였는데 역시 대중 속에 들어가야 된다. 대중 속에 우리보다 많이 아는 사람도 많더라. 대중 속에 들어가서 대중 정치 역량을 우리가 지금보다는 백배 천배를 쌓아야지 이 난국을 극복한다고 얘기를 했습니다.〉

"후방교란은 어떻게 할 거냐? 그런 문제에 팀을 구성하고"

〈경기북부지역 대표 공동피의자 이영춘 발표 내용: 토론하면서 주요 내용으로 나왔던 것은 만약에 전시상황이나 국지전이 발생할 경우에 북부지역 같은 경우는 다 사정권 안에 있는 지역이잖아요. 그러다보니까 실제로 터지게 되면은 상호간에 가까이 (·)이 있어도 연락을 할 수 없는 상황이 생기기 때문에 이런 경우를 대비한 집결지라든지 아니면 이동 루트 이러한 것이 필요하다. 그래서 그런 것에 대응하는 매뉴얼을 만들어야 한다는 이야기가 있었고 또 하나는 저희들 이쪽 지역 자체가 대부분 미군들이 동두천에 많이 거주하고 있고 군속도 거주하고 있는 미군 아파트들이 있기 때문에 미 군속들의 움직임을 정확하게 예의주시하고 그것을 항상 일상생활에서 파악하는 체계가 필요하다.

또 하나는 이쪽 지역의 발전이라든지 지하철이라든지 철도 등의 국가 기간산업이 포진을 많이 하고 있는데 현재 저희가 그런 단위 요소들과의 관계가 좋은 곳도 있지만 안 좋은 곳도 상당히 많이 존재하기 때문에 그런 곳과의 관계를 만들어 나가야 된다는 얘기가 나왔습니다. 현재 이제 진행되는 상황에서 여러 동지들이 이야기하셨듯이 무기 어떻게 하냐? 하지만 실질적으로는 상황 발생시에는 바로 속도전으로 되는 상황이기 때문에 우리 스스로 잘 대응하는 것과 또 하나는 (·)을 가야 한다.

그러기 때문에 우리가 연락체계를 갖고 어떻게 활동하는지? 뭐 후방에서 이런 문제를 어떻게 불안한 내용으로 만들 건지 이런 게 대응책이 필요하다 이렇게 얘기했었고.

또 행정부서나 이런 데서는 식당이나 의원들 이런 체계를 통해서 행정체계를 준비해 놓은 전산망이나 정확히 파악하고 그것에 대한 대응책을 마련하는 게 중요하다고 나왔습니다. 그렇게 이야기했습니다.

그리고 저희가 이제 이 문제에 잘 대응하기 위해서는 일상적으로

만 이야기하는 것이 아니라 실제 팀을 예비역 중심으로 팀을 꾸리고 군사 매뉴얼 진행되는 데에 대한 우리의 매뉴얼을 어떻게 가져갈 건지 그것을 잘 짜서 준비해야 하고 또 각자는 자기 준비를 철저히 해야 된다. 그래서 건강 문제든 체력 문제든지 터지는 상황이 되면 生과 死를 가르는 문제가 되기 때문에 그것에 대한 대응책들은 각자 세심하게 준비해야 한다 이런 얘기들이 나왔습니다.

현재 상황문제와 관련해서는 정보전으로 진행되는 상황을 우리가 어떻게 상황발생시 우리가 어떻게 해야 될 거냐? 연락체계를 어떻게 수립 할 거냐? 후방교란은 어떻게 할 거냐? 무장과 파괴(·)은 이런 것들에 대해서 어떻게 할 거냐? 그런 문제에 대해서 팀을 구성하고 팀 안에서 대응을 세우고 전체 공유해서 대응책을 준비해 나가야 한다. 그런 방향으로 해야겠다라는 생각을 했습니다.〉

"우리 6명이 어딘가를 들어가서 폭파를 해야 되는 거냐?"

〈청년부분 대표 공동피의자 박민정 발표 내용: 사실 처음부터 물질, 기술적 준비가 뭐냐 이 이야기를 했고 토론으로 의견을 만들었습니다. 사상전을 준비하자 이야기를 하면서 보면 대중들과 같이 이야기되는 우리 청년들이 여론전을 만들고 선전전을 준비하고 정세를 돌파할 수 있도록 역할을 하자 쭉 이야기를 하다 보니까 여전히 저희는 戰時체제나 이런 것들에 대한 준비보다는 여론을 만들어 내고 이런 곳에서 청년들이 활동하면 되지 않겠냐? 하는 정도의 고민들을 가지고 있는 것을 확인을 했습니다.

다시 한 번 저희가 물질, 기술적 준비를 한다는 것이 무엇이냐? 실제 절실한 게 무엇이냐? 하는 것이 서로서로 이야기를 하게 되었고 그럼 우리 6명이 어딘가를 들어가서 폭파를 해야 되는 거냐? 다양하게 이야기를 했고요. 세부적으로 논의가 된 것은 지금 현재 청년들부터 준비가 되어 있지 않다. 그리고 사실 우리가 후방에서 대중을 조직할 고민을 하고 있었는데 전쟁을 직접 하겠다는 모습이나 고민은 하고 있지 않았다라는 것이 같이 고민되고 토론했던 내용이었습니다.

그래서 나왔던 이야기가 저희끼리 6명이서 훈련을 할까? 아니면 백만조직 유인물 대회를 할까? 다양한 이야기를 했지만 사실 이런 부분에서 구체적으로 세밀한 자기 고민과 준비를 하지 않고서는 이 정세에서 저희가 주도적으로 아무 것도 할 수가 없다라는 문제, 마음을 모으는 자리였고요. (하략)〉

"구체적으로 혁명전을 준비"

아래 보고에선 '적들의 통신망, 도로망'이란 표현이 나오는데 여기서 敵은 대한민국이다.

〈중앙팀 대표 공동피의자 우위영 발표 내용: 소감 중심으로 한 얘기를 하면 한 동지가 오늘 강의를 들으면서 전율을 느꼈다고 했는데 그것이 우리 모두를 되돌이켜 봤습니다. 작년 정세에서 조금이라도 묶여 있었던 그런 부분들을 완전히 전개하고 전면적인 구체적인 준비태세를 갖추는 데 있어서 정신이 조금 번쩍 들게 하는 그런 강연이었다고 소감을 할 수 있겠습니다. 물질, 기술적 준비를 어떻게 갖출 거냐? 뜨거운 반응이었는데 여러 가지 의견이 나왔습니다. 전역해서 일하시는 분들(·) 군대를 나온 분인데 (·)최근에 공부를 하고 있다. 배우는 곳이 당사 2층이더라. 정보전 그 방에서 일하고 있는데 민감해야 되고 잘해야 되고 정보전을 할 수 있는 최소의 인원, 적들의 통신망, 도로망 이런 것들을 가지고 (·)논의가 되었습니다. 결론은 그런 것 같습니다. 각자 소관 업무, 자기 자신의 기본 직무가 무엇인지를 똑똑히 인식하고 각자의 초소에서 구체적으로 혁명전을 준비하는 그래서 결정적인 시기를 구체적으로 대비해야 한다는 것이 정확하게 결론인 것 같습니다. 그래서 오늘 같은 경우도 비슷한 경우인데 언제든지 부를 때 혁명이 부를 때 요구하면 언제든지 모일 수 있는 그런 태세라고 하는 것은 일상에서 나오는 것이고 자기 자신의 기본직무를 잘 수행하는데서 나오는 것이고 그리고 이것이 구체적인 혁명전을 준비한 구체적인 지침과 결합될 때 힘을 발휘하는 것이고, 구체적인 자기 준비를 할 수 있다. (하략)〉

"지도부를 중심으로 일사불란한 지휘체계 갖추고"

〈기타 부문 대표 공동피의자 조양원 발표 내용: 중요한 것은 저희들이 정치적 격동기, 격변기 때 중요한 것은 특히 전쟁이 일어나 (·) 직접적인 발발하거나 했을 때도 중요한 문제는 수뇌부를 지켜야 하는 거예요. 대표님을 중심으로 해서 실제 (·) 당원들이 하는 것이 아니라 수뇌부를 지키는 문제. 두 번째는 지도부를 중심으로 일사불란한 지휘체계 갖추고 거기에 대해 준비를 갖추는 문제가 중요합니다. 그런 군사적인 측면도 논의됐는데 앞서 얘기된 군사적인 지휘

보고 외에 저희들이 실제 전쟁이 발발했을 때는 저희들이 해야 될 일이 많다 실제로. 지금 뭐 준비를 하는 것도 중요하지만 (·) 동반 되어서 (·) 동반되어야 한다. (하략)〉

"철탑을 파괴하는 것이 군사적으로 굉장히 중요하다"

위와 같이 공동피의자 김근래·이상호·홍순석·이영춘·박민정·우위영·조양원의 순서로 권역별 발표가 종료된 후 피의자 이석기는 2013.5.13. 01:30경~01:40경간 마무리 발언을 했다. 조직원들이 '한 자루 권총 사상'으로 정신무장하여 제국주의 지배세력에 대항한 볼셰비키 혁명으로 러시아 차르체제가 전복된 것처럼 남한사회를 전복하기 위한 다양하고 창조적인 방법으로 '물질적-기술적' 준비를 철저히 하고 총공격 명령이 떨어지면 속도전의 일체감으로 전국 동시다발적으로 봉기할 것을 강조했다. 국정원은 〈피의자들을 포함한 전체 조직원들이 정세인식과 남한체제를 전복하기 위한 혁명을 위해 총궐기할 결의를 다졌다〉고 평했다. 이석기 발언 내용.

〈(전략) 가운데 그동안 20~30년간 쌓아왔던 신념, 세계관이라고 합시다. 그 가치관을 전면에 내놓은 그 시기가 왔다는 것에 대해서 우리가 일치한다. 현 정세에 대한 주체적 관점과 동시에 주체적인 문제를 넘어서 이 격변 정세를 어떻게 뚫고 갈 것인가에 대한 일치된 대오가 (·)를 말씀드리는 겁니다. 이런 기본 가치만 서면은 무엇을 할 거냐? 그건 뭐 무궁무진해. 정말 물질, 기술 준비는 어떻게 준비할 겁니까? 라고 하면은 전제 조건, 이 관점의 일치가 투철할 때 현실 관계를 적나라하게 보여주는 게 물질, 기술적 준비에 대한 (·)입니다. 굉장히 많죠? 추상적인가? 어마어마하다. 그 어마어마한 내용들은 우리 동지들의 자기 사업장 속에 충분히 있으니깐. 더 자세한 이야기는 보안사항이다. (중략) 자 예전에 우리가 항일의 하나의 사례를 하나 말씀을 드리면 그래야 오늘 강연과 (·) 아니냐? 한 자루 권총을 기억하십니까? 우리가 3대 이상 중에 항일의 시기에 사상의 문제를 제기했고 (·)동지애를 얘기하지 않았습니까? 한 자루 권총에 대한 상징하는 바가 매우 크죠. 한 자루 권총으로 항일(·)아니다. (·)(·) 이런 (·) 달성하는 유일한 길은 강력한 (·) 지금 우리에게 필요한 것도 한 자루 권총이란 사상이에요. 이 한 자루 권총이 수만 자루의 핵폭탄과 더한 가치가 있어요. 우리가 관점만 서면 핵무기보다 더한 것을 만들 수 있어. 이게 재들이 상상 못할 전쟁의 새로운 것이에요.

예를 들면 현장에 가면 이런 이야기 굉장히 재밌게 해요. 어떤 철탑 하나 예를 들어서 보안사항입니다. A라는 철탑이 있다고 합시다. 그냥 예니까 너무 사례에 집착할 필요 없어. 그런데 눈빛이 막 지금 사례에 대해서… 그 철탑을 파괴하는 것이 군사적으로 굉장히 중요하다. 하나의 예에요. 하나의 예에요. 근데 철탑 굵기가 엄청납니다. 철탑 파괴하면 보통 지금 현재 우리가 우려하는 수준에 접근하는 것은 현실은 무슨 뭐(·) 그런 게 아니에요. 그냥 그래서 이제 밖에서 보면은 저걸 파괴하려는 (·). 그런데 그 현장의 부분은 너무나 같은 방식을 사용해요. 그 방법은 내가 알지 못해요. 그런 경우가 무궁무진한 거야. 정말 보이지 않는 곳에 엄청난 폭파를 시켜놔도 그야말로 재들이 보면 귀신이 곡할 노릇이야. 존재가

보이지 않는데 엄청난 무기가 있어서 도처에서 동시 다발로 전국적으로 그런 세력이 전쟁을 한다면 그 새로운 전쟁에 대한 새로운 승리를 새로운 세상을 갖추자. 언제부터? 이미 그전부터 갖췄어야 하는데 오늘부터 하자. 그게 첫 번째 가장 강조하고 싶은 주체적 (·)다.〉

이석기, 볼셰비키 혁명론 제시

〈또 한 가지는 이 싸움은 이기는 거야. 이기는 거다. 왜? 분단은 무너지는 거다. 통일시대, 시대의 민족사에 있다고. 그런데 전 세계 역사 가운데 러시아만 봐도 당시에 차르체제를 유지하는 방법으로 독일과의 전쟁을 치렀지. 수많은 많은 혁명하는 (·) 사람들도 전쟁이 발생한다는 것은 러시아 (·). 근데 볼셰비키는 제국주의, 지배세력에 대한 전쟁이다. 그것을 보고 국내 내전으로 전환했다. 그게 볼셰비키 혁명이었다. 그 일정을 전개하면서 엄청나게 죽었다 그 당시에. 그 당시에는 엄청난 피해가 있었으나 나중에 전국적인 혁명의 승리하는 데 결정적인 계기가 된 거야. 지난 러시아 혁명의 경우처럼 일제시대 때 일제에 반대하는 항일투쟁하는 수많은 혁명가들한테 여러분들이 제일 쉬운 게 (·)을 (·)거야 심지어 항일유격대. 걔들 볼 때는 그런 거여. 분단시대에 분단을 퍼뜨리는 세력으로 종북세력. (·) 분단을 퍼뜨리고 자기가 힘과 지휘가 빵빵하다고 뛰어들어서 이 체제를 무너뜨리는 데서 저놈들이 썼던 게 종북이라면 그거는 (·). 그런데 이 싸움은 반드시 우리가 이긴다는 거여 왜? (·) 우리 민족 역사로 보나 우리 60년 해방정국, 정전 60년 다 돼가고 막바지가 온 거야. 그런 측면에서 한편으로는 복이다 그런 말하고 싶습니다.

이 첨예한 시대에 우리 세대가 통일의 조국통일의 새로운 역사를 만드는 첫 세대가 된다는 것 나는 영예롭다고 봅니다. 몇몇 동지들은 이 싸움에 대해서 남부에 그 친구가 누군지는 알겠는데, 가방에 칼 가지고 다니지마. 대충 내가 누군지 알겠어. 내가 아는 사람 같은데 이젠 칼 가지고 다니지 마시라. 총? 총 가지고 다니지마.

우리가 이 핵폭탄 보다 무서운 게 사상의 무기야. 이 무형의 자산임과 동시에 엄청난 힘을 가지고 있다. 이 사상의 무기를 단단히 무장하면 아까 한 친구가 기껏 싸우는 게 하나 죽이고 가겠다고? 우리는 죽자고 싸우는 게 아니에요.

이 전쟁을 하자는 게 어떻게 생을 마감할 것인가를 위해 싸우자는 것이 아니라 우리 후대에게 분단을 퍼뜨리고, 통일된 새로운 조국, 전세계 최강이라는 미 제국주의와 전면으로 붙어서 조선민족의 자랑과 위엄과 그 존엄을 시험하는 전쟁에서 우리가 불화없이 그 승리의 시대를 우리 후대에게 주자. 후대를 위해서 싸우는 것이지 이기기 위해서 싸우는 것이지 죽자고 싸우는 것이 아니라는 것.

우리는 이기는 싸움이다. 이긴다는 준비를 하자. 준비를 과학적으로 철저하게 그래서 웃으며 한다 충분히 가능하다 분단 시기는 통일. 이런 통일로부터 치열하게 철저하게 싸움을 얘기하면 이미 싸우기 시작했다는 것을 다시 한번 말씀드리고 끝으로 물질, 기술적 준비 중에 하나 놓친 게 선전부대 반드시 가지고 있어야 돼요.

(중략)

끝으로 전체 다수의 대중들이 동지들이 모였으니깐 표현을 우회해서 물질, 기술적 총은 언제 준비하느냐? 하는 (·) 저기 러시아 그쪽 지역에 (·) 인터넷 보면 그러니깐 5월 말 쯤에 (·)고 싶은데 쟤들이 우리보다 훨씬 더 치밀하게 현재 향후 조선반도의 정세에 군사적인 시나리오를 예측하고 있어요.

인터넷 사이트 보면 사제폭탄 사이트가 있어요. 그걸 이미 예상한다고 그러니깐 저기 멀리서 혈기가 두드러진 총 어디서 구해요? 이럴 때 이미 저놈들은 격변의 시기에 어디에 접촉할 것인가? 에 대해서 파악하고 인터넷 포털 사이트 그쪽 그런 사이트 굉장히 많아요. 우리 동지들간에도 우려를 표명하는 사람이 굉장히 많아요.

심지어는 지난 보스턴 테러에 쓰였던 이른바 압력밥솥에 의한 사제폭탄에 대한 매뉴얼도 공식도 떴다고. 그러니깐 관심 있으면 보이기 시작한다. 근데 관심 없으면 주먹만 지르는 거예요. 이미 매뉴얼은 떴는데 쟤들은 이미 벌써 그걸 추적하고 있다는 것. 그게 현실이라는 것. (중략) 다양한 형태든 장기전이든 지구전 형태든 다 속도를 한 가지만 말씀드리고 싶은 것은 속도전으로 일치하자. 속도전의 주체성은 그 속도에 있는 것이 아니라 대오의 일체성에 있다는 것을 명심하고. 사람들은 속도전으로 돌파하자 그렇게 강조할 때 속도 얘기하지 말고, 집단의 우월성은 그 속도에 있는 것이 아니라 구성원들이 일체감, 일체성에 있다는 것. 일체성을 최상위로 높이기 위해 실현하는 그 과정이 속도전으로 들어간다는 거죠. 그야말로 총공격의 명령이 떨어지면 속도전으로 일체감으로 강력한 집단적 힘을 통해서 각 동지들이 자기 초소에 놓여있는 그야말로 무궁무진한 창조적 발상으로 한순간에 우리 서로를 위해서 여러분을 믿고 마치겠습니다. 바람처럼 사라지시라.〉

김홍열은 〈이 노선을 제시하고 이 노선에 우리 전체 동지들이 하나가 되어 떨쳐 일어날 것을 호소하신 대표님을 믿고 대표님을 중심으로 한 일심단결의 경기도 대오가 가장 선두에서 반미 대결전이 반드시 조국통일 대전으로 반드시 승리할 수 있는 우리가 되기 위한 힘찬 전진의 마음을 서로 약속하면서 오늘의 이 자리를 정리하겠습니다. 박수로 정리하겠습니다〉라고 마무리했다.

4

독일공산당 해산 결정의 法理

독일공산당 해산 결정의 法理

"목적이나 추종자의 행태에 있어 자유민주적 기본질서를 침해·廢除(폐제)하려 하거나, 독일연방공화국의 존립을 위태롭게 하려고 하는 정당은 위헌이다."

裵振榮(월간조선 기자·차장대우)

'사상의 자유시장'이론의 한계를 보여준 나치 독재 체험

바이마르공화국 시절, 아돌프 히틀러가 이끄는 나치(국가사회주의독일노동자당)는 의회민주주의에 대한 반감과 함께 바이마르공화국 체제를 顚覆(전복)하겠다는 의지를 공공연하게 표출했다. 하지만 그들은 거의 제재를 받지 않았다. 價値相對主義(가치상대주의)를 추구했던 바이마르공화국은 나치와 같은 체제 전복세력에 대해서도 관용을 베풀었던 것이다. 그 결과 히틀러는 선거에서의 승리와 보수정당들과의 연합을 통해 합법적으로 정권을 장악한 후 의회민주주의를 폐지하고 1당독재정권을 수립했다.

나치 독재의 체험은 "올바른 이념은 多數(다수)국민에 의해 선택되고, 그릇된 이념은 국민의 외면으로 자연히 도태될 것"이라는 '사상의 자유시장'이론의 한계를 여실히 보여주었다.

　그러한 반성의 결과 나타난 것이 '방어적·전투적 민주주의'였다. 이는 한마디로 민주주의의 이름으로 민주주의 그 자체를 공격하고, 자유의 이름으로 자유 그 자체를 말살하려는 헌법질서의 敵(적)에 대해서는 민주주의 스스로 방어적·전투적 장치를 갖추지 않으면 안 된다는 이념이다. 1949년 제정된 서독 기본법(헌법)상의 違憲(위헌)정당해산제도는 바로 이러한 요구의 산물이었다.

　기본법 제21조 2항은 "목적이나 추종자의 행태에 있어 자유민주적 기본질서를 침해 또는 廢除(폐제)하려 하거나, 또는 독일연방공화국의 존립을 위태롭게 하려고 하는 정당은 위헌이다. 위헌성의 문제에 대해서는 연방헌법재판소가 결정한다"고 규정했다.

"자유민주적 기본질서는 가치에 구속되는 질서"

　지난 60년 동안 서독(독일)에서 위헌정당으로 해산된 것은 모두 두 件(건)이었다. 하나는 1952년 있었던 신나치정당인 사회주의국가당(SRP) 해산결정이고, 다른 하나는 1956년의 독일공산당(KPD·Kommunistische Partei Deutschlands) 해산결정이다.

　SRP 해산결정에서 연방헌법재판소는 "기본법 제21조 2항이 의미하는 자유민주적 기본질서는 일체의 폭력적·恣意的(자의적) 지배를 배제하고 그때그때의 다수의 의사의 평등 및 자유에 의거한 국민의 自己決定(자기결정)을 토대로 하는 법치국가적 지배질서를 의미하는 질서"라면서 이와 같은 질서의 기본원리로 △기본법 중에서 구체화되고 있는 諸(제)인권의 존중, 특히 생명과 자유로운 발전을 위한 인격권의 존중, △국민주권, △권력분립, △정부의 책임성, △행정의 合法律性(합법률성), △법원의 독립, △複數(복수)정당제, △반대당의 합헌적인 결성·활동권과 더불어 모든 정당에 대한 기회균등 등을 들었다.

아울러 연방헌법재판소는 "자유민주적 기본질서는 價値(가치)에 구속되는 질서이며, 배타적 지배 권력으로서 인간의 존엄성, 자유와 평등을 부정하는 전체주의 국가에 반대되는 질서이다. '자유민주적 기본질서에는 여러 가지 종류의 질서가 있을 수 있다'는 SRP 대표자의 관념은 잘못된 것이다"라고 判示(판시)해 자유민주적 기본질서가 가치상대주의와 결별했음을 분명히 했다.

SRP에 대한 해산결정이 있은 지 4년 후, 연방헌법재판소는 독일공산당(KPD)에 대해 해산결정을 내렸다. '마르크스주의를 이론적 기반으로 하는 노동자 계급의 前衛(전위)정당'을 자처하던 KPD는 1945년 이래 서독의 再(재)군비 반대, 소련 등 東歐諸國(동구제국)과의 평화조약 체결, 독일의 再통일 등을 주장해 왔다. KPD는 1949년 연방의회 총선거에서는 유효투표의 5.7%를 획득해 15개의 의석을 차지했지만, 1953년 총선에서는 유효투표의 2.2%를 얻는 데 그쳐 의석은 하나도 차지하지 못했다. 아데나워 정부가 KPD를 헌법재판소에 제소한 이유는 다음과 같다.

아데나워 정부의 '독일공산당 제소 이유'

첫째, KPD는 그 목적과 당원의 행동에 비추어 자유민주적 기본질서를 침해·폐제하려 하였으며, 연방공화국의 존립을 위태롭게 하려고 기도하고 있다. KPD는 폭력혁명의 방법으로 연방공화국의 권력을 장악,

프롤레타리아 독재국가를 수립하려고 하는 혁명정당이다. KPD는 黨憲(당헌)에서 노동자계급의 정치적 지배의 달성을 표방하고 있고, 이는 綱領(강령), 성명, 당원의 행동에 의해 뒷받침되고 있다.

둘째, 이상과 같은 목적을 달성하기 위해 KPD는 기본법 前文(전문)에 규정된 독일 재통일의 요청을 남용하고 있다. 이것은 KPD가 그 당헌 중에 수용하고 있는 민족전선(독일의 좌파통일전선단체) 강령에 비추어 명백하다. 민족전선은 동독의 사회주의통일당이 그 조직을 지배하고 있다. KPD는 그 강령에서 혁명 또는 폭력적 투쟁 수단에 의한 '아데나워 체제'의 전복을 주장하고 있고, 이 투쟁에서 KPD는 이른바 독일민주공화국(동독), 인민민주주의, 소련에 의한 지지까지도 기대하고 있다.

한마디로 독일공산당이 독일의 재통일 등을 빙자하여 동독공산정권과 소련의 조종 내지 지원 아래 서독체제의 전복과 프롤레타리아 혁명을 획책했다는 고발인 것이다. 이에 대해 독일공산당(KPD)은 다음과 같이 항변했다.

〈첫째, KPD는 서독기본법의 내용이 되고 있는 자유민주적 諸(제)원리와 모순되는 정치적 발전을 저지하기 위해 투쟁하고 있는 정당이며, 연방정부야말로 KPD의 그와 같은 호헌적 정치활동을 억제하기 위해 KPD의 정치활동을 억제하려고 하는 것이다.

둘째, 마르크스-레닌주의적 세계관의 신봉은 서독기본법에 의해 기본권의 하나로서 보장되고 있다. 마르크스-레닌주의의 궁극적 목표는 사회주의=공산주의의 지배질서이지만, 독일이 통일되기 이전에는 사회주의 혁명과 사회주의 사회의 건설은 달성될 수 없다. 서독기본법 하에서의 KPD의 구체적 목표는 兩(양)독일이 평

등한 입장에서 참여하는 집단안전보장제도에 의한 평화의 유지와
보장, 민주적 기초에 입각한 독일의 평화적 재통일, 헌법적 질서
에 의거한 민주적 권리와 자유의 보장 및 확장 등을 추구하는 것
이다.

KPD가 '아데나워 체제'를 폭력적 방법으로 전복할 것을 주장하는
문서는 없다. KPD의 시위·항의·파업 등의 행위는 헌법적 질서의
테두리 안에서 행한 것이다. KPD는 독일 재통일에 대한 헌법상의
요청을 남용한 바 없으며, 동독의 지배질서를 서독에 移植(이식)하
려 한 바 없고, 민족전선의 목적을 실현하려 한 바도 없다. 오히려
연방정부가 서독기본법을 침해하고 있기 때문에 KPD는 정당으로
서 정치적 저항권을 행사한 것이다.〉

"프롤레타리아 독재는 자유민주적 기본질서에 불합치"

하지만 연방헌법재판소는 "독일공산당(KPD)이 의도하는 프롤레타리
아 혁명과 프롤레타리아 독재국가는 자유민주적 기본질서에 합치되지
않는다"면서 KPD에 대해 해산결정을 내렸다.

연방헌법재판소는 KPD의 독일 재통일 주장에 대해서 "KPD의 독일
재통일 주장은 그 실제 정책을 평가하여 볼 때, 궁극적으로는 연방공화
국의 자유민주적 기본질서를 침해하기 위한 구실에 불과하므로 이는 위
헌적인 것이다"라고 판시했다. 연방헌법재판소는 KPD가 저항권 운운
한 데 대해, "저항권은 오로지 보수적인 의미에서, 다시 말하면 법질서
의 유지 또는 회복을 위한 긴급권으로서만 이용될 수 있다"고 함으로써
저항권을 빙자하여 사회혁명을 획책할 수 없음을 분명히 했다. 이와 함

께 연방헌법재판소는 정당해산의 요건과 관련해서 몇 가지 주목할 만한 견해를 피력했다.

△정당이 자유민주적 기본질서의 최고원리들을 인정하지 않는 것만으로 곧 위헌이 되는 것은 아니며, 그밖에 현존질서에 대해서 적극적으로 투쟁하는 공격적 태도가 첨가되지 않으면 안 된다.

△서독기본법 제21조 2항은 형법 제81조와 같이 구체적 기도를 요건으로 하지 않으며, 경향상 당의 정치노선이 원칙적·영속적으로 자유민주적 기본질서에 대항할 의도에 따라 결정되는 것으로 충분하다.

△정당은 모든 종류의 자유민주적 기본질서를 보다 쉽사리 폐제하기 위한 과도적 단계로 이용하기 위해 연방공화국의 현존질서와는 상이한 자유민주주의의 사회적·정치적 내용을 추구한다면, 그것만으로 곧 위헌이다.

1956년 연방헌법재판소에 의해 해산된 독일공산당은 1968년 재건됐다. 위헌정당으로 해산된 정당의 대체정당을 결성하는 것은 금지되어 있다. 서독정부는 한때 재건된 독일공산당(DKP·Deutsche Kommunistische Partei)에 대한 제소를 검토했으나, 결국 묵인하는 쪽을 택했다. 굳이 강제해산하지 않아도 될 정도로 DKP의 정치적 영향력이 미미했기 때문이다.

독일 통일 후, 독일 사회 일각에서는 동독 시절 집권당이었던 독일사회주의통일당(SED)의 후신인 민주사회당(PDS)에 대한 제소 여론이 나왔다. 하지만 "40여 년간의 분단을 극복하기 위해서는 동독 지역에 기반을 둔 정당들에게도 정치적 참여의 기회를 주어야 한다"는 이유에서 PDS의 선거 참여가 허용됐다.

韓國 헌재, "사유재산제도도 자유민주적 기본질서의 내용에 포함"

독일의 정당해산 사례, 특히 독일공산당(KPD) 해산 사례를 자세히 살펴본 것은 오늘날 우리나라도 비슷한 고민거리를 안고 있기 때문이다. 민주노동당의 존재가 바로 그것이다.

대한민국헌법 제8조 4항은 "정당의 목적이나 활동이 민주적 기본질서에 위배될 때에는 정부는 헌법재판소에 그 해산을 제소할 수 있고, 정당은 헌법재판소의 심판에 의하여 해산된다"고 규정하고 있다.

여기서 '민주적 기본질서'는 헌법 前文(전문) 등 헌법 전체의 내용에 비추어 볼 때 '자유민주적 기본질서'를 의미하는 것으로 해석된다. 우리 헌법재판소는 "우리 헌법은 자유민주적 기본질서의 보호를 그 최고의 가치로 인정하고 있고, 그 내용은 모든 폭력적 지배와 자의적 지배, 즉 반국가단체의 1인 독재 내지 1당 독재를 배제하고, 다수의 의사에 의한 국민의 자치, 자유·평등의 기본원칙에 의한 법치주의적 통치를 말한다"면서 그 구체적인 내용으로 △기본적 인권의 존중, △권력분립, △의회제도, △복수정당제도, △선거제도, △사유재산과 시장경제를 골간으로 한 경제질서, △사법권의 독립 등을 들고 있다(헌재 1990.4.2 89헌가113).

이는 독일연방헌법재판소가 자유민주적 기본질서의 내용으로 규정하고 있는 것과 흡사하지만, '사유재산과 시장경제를 골간으로 한 경제질서'를 포함시키고 있다는 점에서 독일의 경우와 다르다. "소유권에 대한 공적 보장과 개인의 자유 사이에는 긴밀한 관계가 있다"(리쳐드 파이프스)는 것을 감안하면, 우리 헌법재판소가 자유민주주의의 내용으로 '사유재산과 시장경제를 골간으로 한 경제질서'를 포함시키고 있는 것은 卓見(탁견)이라고 하겠다. 이상의 헌법규정과 헌법재판소의 결정례(판례)를 염두에 두고 통합진보당의 前身(전신) 민주노동당의 목적과 활동을 검토해 보자.

민노당, "사회주의적 가치 계승"

민주노동당의 강령과 당헌을 보면, 민주노동당이 과연 대한민국의 헌법질서 안에 수용될 수 있는 정당인지 심히 의심스럽다.

강령 前文(전문)에서 민주노동당은 △노동자와 민중 주체의 자주적 민주정부 수립, △화해와 평화의 자주적 민족통일국가 건설, △자본주의의 질곡을 극복하고, 노동자와 민중 중심의 민주적 사회경제체제 건설, △이윤을 목적으로 하는 사적 소유권 제한과 생산 수단의 사회화 등을 선언하고 있다.

노동자─농민 등 민중, 다시 말해 프롤레타리아 계급을 기반으로 한 사회주의 체제를 건설하겠다는 것이다. 민주노동당 강령도 "인류사에 면면히 이어져 온 사회주의적 이상과 원칙을 계승 발전시켜 새로운 해방공동체를 구현할 것"이라고 밝힘으로써 그들이 궁극적으로 지향하는 체제가 사회주의 체제임을 自認(자인)하고 있다.

정치 분야의 강령 가운데는 "정치의 근본 혁신을 통해 구시대 정치인, 낡은 법과 제도와 구조를 전면 청산"하고, "부정과 비리를 저지른 부패정치인들에 대해 영구적인 선거출마금지 조치 등을 실시해 공민권을 대폭 제한 한다"고 한 것이 눈에 띤다. 명분이야 어떻든 정치적 반대자들에 대한 전면적인 참정권 제한 내지 정치적 숙청을 시사하고 있는 것이다.

통일과 관련해 민주노동당은 "우리에게 당면한 과제는 머지않아 도래할 것으로 예견되는 미국과 중국 사이의 동북아 신냉전이 구축되기 이전에, 최소한 국가연합이나 연방제 방식의 통일이라도 이루어 국제적으로 우리의 민족통일을 기정사실화하는 일"이라고 하여 연방제 통일을 주장하고 있다.

경제 분야로 들어가면 민주노동당의 사회주의적 색채가 보다 노골적으로 드러난다. 민주노동당은 "노동자와 민중 중심의 민주적 경제체제를 지향한다"면서 "민주적 경제체제는 소유의 사회화와 사회적 조절을 다양한 소유와 시장적 조절보다 우위에 둠으로써 자본주의적 모순을 해결한다"고 선언하고 있다. 이들은 더 나아가 △총수 일족의 지분을 공적 기금을 활용해 강제로 有償(유상)환수하여 재벌을 해체하고, 해당 기업의 노동자를 비롯해 다수 국민들이 소유에 참여할 수 있는 민주적 참여기업으로 전환, △공공성이 높은 통신, 운수, 병원, 학교 등은 공공기관이나 공기업으로 전환, △농지와 소규모 생활터전용 소유지를 제외한 일정 규모 이상의 토지는 국·공유화, △국민경제를 기획하고 사회적으로 조절하는 경제정책위원회 창설, △각종 금융기관은 공적 소유와 경영을 기본으로 함 등을 주장하고 있다.

이리저리 말을 돌리고는 있지만, 이는 결국 사유재산권과 시장경제제도를 종속적인 위치로 떨어뜨리고, 國·公有(국·공유)를 중심에 두는 사회주의 통제경제체제를 수립하겠다는 선언에 다름 아니다. 이는 "모든 국민의 재산권은 보장된다"고 한 헌법 제23조 1항, "대한민국의 경제질서는 개인과 기업의 경제상의 자유와 창의를 존중함을 기본으로 한다"고 규정하고 있는 헌법 제119조 1항에 명백히 반하는 것이다.

민노당은 계급 정당

민주노동당 당헌 前文(전문)에서는 "민주노동당은 노동자, 농민, 영세상공인, 도시빈민의 정당이며, 여성, 장애인, 청년과 학생, 양심적 지식인의 정당"이라고 선언하고 있다. 이는 민주노동당이 프롤레타리아 계급정당임을 자인하는 것이자, "조선노동당은 우리나라에서 노동계급과 전체 근로대중의 선봉적 조직적 부대이며, 전체 근로대중 조직체 중에서 최고형태의 조직"이라고 선언하고 있는 북한노동당과의 親緣性(친연성)을 확연히 보여주는 것이다.

"민노당 내 NL이 김일성주의자들이라면, PD는 박헌영주의자(스탈린주의자)"라고 한 周大煥(주대환) 전 민노당 정책위 의장(현 사회민주주의연대 공동대표)의 비판은 이 점에서 되새겨볼만한 의미를 지니고 있다.

정당의 목적뿐 아니라 활동 면에서도 민주노동당은 많은 위헌성을 안고 있다. 우리는 민주노동당의 일부 당원들이 간첩행위를 한 것(일심회 사건)을 기억하고 있다. 당시 민주노동당은 당 내 관련자들의 책임을 묻기는커녕 관련자들을 비호하고, 공안당국을 비난했으며, 당 내 비판세력들에 대해서는 "더욱 더 親北(친북)해야 한다"는 식으로 대응했다.

독일 헌법학자들의 견해에 의하면, 정당의 일반 당원이 정당의 노선과는 별개로 개별적으로 행한 행위가 정당의 행위로 인정되어 정당해산과 연결될 수는 없지만, 그 정당이 이러한 행위를 의식적으로 묵인하거나 지원할 때, 또는 이러한 행위를 비판하거나 黜黨(출당) 등의 조치를 할 수 있음에도 불구하고 이행하지 않을 때에는 정당의 행위로 간주될 수도 있을 것이라고 한다.

민주노동당과 그 산하단체, 지구당, 소속의원들이 국가보안법 폐지,

이라크 파병 반대, 한미 FTA 반대, 삼성 경영권 세습 반대, 광우병 쇠고기 수입 반대 등에 빠지지 않고 이름을 올렸던 것은 민주노동당이 대한민국의 현존 질서에 대해 지속적으로 공격적인 태도와 경향을 취해 왔음을 보여주는 傍證(방증)이 될 것이다.

위헌정당으로 해산 당했던 독일공산당의 경우와 민주노동당의 경우를 비교해 볼 때, 그리고 우리 헌법의 정당해산 관련 규정이나 헌법재판소의 자유민주주의에 대한 定義(정의)에 비추어볼 때, 민주노동당은 위헌의 혐의를 벗기 어려울 것으로 보인다.

우리 헌법재판소는 아직 위헌정당 해산결정을 내린 적은 없지만, "어떠한 정당이 외형상 민주적 기본질서를 추구한다고 하더라도 그 구체적인 강령 및 활동이 폭력적 지배를 추구함으로써 자유민주적 기본질서에 위반되는 경우, 우리 헌법 질서에서는 용인될 수 없는 것"이라고 밝힌 바 있다(헌재 2001.9.27 2000헌마238등).

노무현 참여정부 시절이던 지난 2004년 6월에 국민행동본부 등 보수단체가 정부에 민주노동당에 대한 정당해산 청원을 제출했으나, 棄却(기각)당했다.

터키에서는 집권당에 대해 해산 결정

설령 정부가 민주노동당에 대한 위헌정당해산청구를 할 경우, "지난 4월 제18대 총선에서 5석(지역구 2석, 전국구 3석)의 의석을 차지했고, 선거 때마다 일정한 지지율을 확보하고 있는 현실 정치세력을 위헌정당으로 강제 해산시키는 것이 정치적으로 가능하거나 바람직한 일이냐"라는 의문이 제기될 수 있다.

터키에서 있었던 복지당 해산결정은 이에 대한 좋은 대답이 될 것이다. 1995년 총선에서 22%를 득표, 전체 550석의 의석 가운데 158석을 차지한 복지당은 이듬해 6월에는 중도보수 성향의 正道黨(정도당)과 연립정부를 수립해 집권당이 됐다.

하지만 이듬해 5월 터키 검찰총장은 복지당을 위헌정당으로 헌법재판소에 제소했다. 이슬람 律法(율법)에 기초한 神政(신정)국가 건설을 지향하는 복지당의 政綱(정강)이 政敎(정교)분리의 원칙을 규정하고 있는 터키헌법에 반한다는 것이 그 이유였다. 결국 복지당은 헌법재판소로부터 위헌정당으로 규정되어 해산되고 말았다.

이와 대조적인 경우가 서두에서 언급했던 독일 바이마르공화국이다. 바이마르공화국 당시에도 나치 등을 제어할 방법이 없었던 것은 아니다. 대통령의 국가긴급권이나 특별형법인 '공화국수호법'에 의해 反(반)헌법적인 정당을 단속할 수 있었던 것이다. 하지만 당시 독일 爲政者(위정자)들은 공공연히 체제전복을 부르짖는 나치와 맞서 싸우기보다는 '民意(민의)'를 핑계로 나치를 묵인하거나, 야합하는 길을 택했다. 그 결과가 어떠했는지는 다시 말할 필요도 없다.

아마 정부가 민주노동당에 대한 해산을 헌법재판소에 청구할 경우, 격렬한 저항이 있을 것이다. 민주노동당은 독일공산당(KPD)과 유사한 논리를 전개하며 그 부당성을 주장할 것이고, 민주노총이나 전교조, 그리고 북한 김정일 집단 등이 민주노동당을 擁衛(옹위)하러 나설 것이다.

하지만 중요한 것은 헌법을 지키려는 위정자의 의지다. (2011년 작성)

5

통합진보당 해산 請願書

청 원 서

청 원 인   1. 사단법인 국민행동본부(이사장 서정갑)
            주 소 : 서울특별시 강남구 역삼동 702-2
            삼성제일빌딩 1804호
         2. 국가정상화추진위원회(위원장 고영주)
            주 소 : 서울특별시 강남구 수서동
            로즈데일오피스텔 1922호

청원기관   대한민국정부(법률상 대표자 법무부 장관)

청원취지   통합진보당(대표 : 혁신비상대책위원장 강기갑)에 대해
         정당해산심판을 청구해주시기 바랍니다.
         위 통합진보당 주소 : 서울특별시 동작구 노량진로 26
            솔표빌딩 12층

청원 이유

1. 개 요

통합진보당은 목적 및 활동이 모두 민주적 기본질서에 위배되므로,
헌법재판소에 위 정당에 대한 해산심판청구를 할 것을 청원합니다.

2. 통합진보당의 목적 및 활동의 민주적 기본질서위배 내용

가. 통합진보당의 목적

1) 헌법상 기본원칙인 자유민주주의와 헌법 제1조에서 표방하는 국민주권주의 부정

○ 우리 대한민국 헌법은 전문에서부터 본문 전반에 걸쳐 자유민주주의를 표방하고 있고, 특히 헌법 제1조에서는 국민주권주의를 채택하고 있음을 명백히 천명하고 있다.

○ 그런데 통합진보당 강령(별첨1)에서는

– 前文(전문)에서 "일하는 사람이 주인 되는 자주적 민주정부를 세우고, 민중이 정치 경제 사회 문화 등 사회생활 전반의 진정한 주인이 되는 진보적인 민주주의 사회를 실현하겠다",

– 제3조에서 "민중주권 보장을 위해 정당법과 선거법 개정을 추진한다"는 등의 내용을 선언하였다.

○ 위 강령 내용 중 "일하는 사람이 주인이 되는 민주정부"란 결국 노동자가 주인이 된다는 공산주의 이념의 선전이론이고, "민중이 진정한 주인이 되는 민주주의"와 "민중주권"이란 역시 공산주의의 변종인 민중민주주의 이념의 선전이론이며, "진보적 민주주의"란 김일성이 북한공산독재 체제 즉 "인민민주주의"를 미화하여 사용한 용어일 뿐이다(별첨2/ 김일성 강의 내용 참조).

○ 그리고 통합진보당이 이러한 "진보적 민주주의 사회"를 실현하겠다는 것은, 현재 대한민국이 채택하고 있는 자유민주주의 체제를 부정하고, 이를 전복 내지 파괴하여 다른 체제를 만들겠다는 의미가 담겨 있

다고 보지 않을 수 없다.

○ 이는 통합진보당의 전신인 민주노동당의 강령(별첨3/ 민주노동당 해산심판청구 청원서 참조)과 마찬가지로 통합진보당도 '민중민주주의' 이념을 채택하고 있음을 보여준다.

○ 민중민주의는 인민민주주의나 마찬가지로 프롤레타리아 독재(공산주의)의 변종으로서(별첨4/ '민중민주주의란 무엇인가' 논문 참조), 국민 중 일부인 민중계급만의 주권을 주장함으로써, "국민 전체가 주인이요, 모든 권력은 국민에게서 나온다"는 국민주권주의와 자유민주주의를 부정하는 개념이고, 이미 대법원 판례에 의하여 명백한 利敵(이적)이념으로 판명되어 있다(별첨5/ 대법원 2004. 8. 30. 선고 2004도3212 판결 참조).

※ 청원인들은 2011. 8. 26. 대한민국 정부의 법률상 대표자인 법무부 장관에 대해, 헌법재판소에 민주노동당 해산심판 청구를 해달라는 청원서를 제출한 바 있다(위 별첨3 참조). 그런데 법무부에서 위 청원에 대한 처리를 지체하는 동안 민주노동당은 해산심판을 회피하기 위하여 2011. 12. 5. 민주노동당의 노선에 동조하는 국민참여당 등을 흡수합당하는 형식으로 통합진보당을 출범시켰다. 통합진보당은 사실상 민주노동당의 노선을 그대로 승계하고 있으면서도 違憲(위헌)정당 심판을 회피하기 위하여, 강령에서는 위 청원서에 적시된 바와 같은 위헌의 징표인 노골적인 문구들을 대부분 삭제하고, 문장을 순화하였다. 그러나 자신들의 이념을 완전히 포기할 수는 없기 때문에 전술한 바와 같이 민중민주주의 이념의 핵심 내용들은 위장된 형태로 존속하게 된 것이다. 참고로 지난 총선 때 국민행동본부는 광고를 통해 민주노동당의 위험성을 거론한 바 있는데, 중앙선거관리위원회 관계자는 "민노당은 없어졌지만 민노당의 후신이 통합진보당이기 때문에 민노당 비판광고는 선거법 위

반이다"는 주장을 하며, 광고를 하지 못하도록 제동을 걸은 바 있다. 즉 국가기관인 선관위도 통합진보당이 민노당의 후신임을 인정한 것이다 (별첨6/ 조선닷컴 블로그 참조).

2) 헌법의 통일 정책 부정

○ 헌법 제4조에서는 대한민국의 통일정책으로서 "자유민주적 기본질서에 입각한 평화적 통일정책"을 천명하고 있다.

○ 그런데 통합진보당 강령에서는

− 제44조에서, "휴전협정을 평화협정으로 대체 … 이와 연동해 주한미군을 철수시키고, 종속적 한미동맹 체제를 해체 … 한다"

− 제5조에서, "대표적 반민주 악법인 국가보안법을 … 폐지 … 한다"

− 제46조에서, "6·15공동선언, 10·4선언을 이행하고 자주적 평화통일을 추구한다"

는 등으로 통일관련정책을 밝히고 있다(위 별첨1/ 통합진보당 강령 참조).

○ 한편 위 강령에서 인용된 6·15공동선언(별첨7), 10·4선언(별첨8)은 모두 북한의 연방제 통일방안에 동조하는 내용들이므로(별첨9/ "6·15선언을 국가기념일로 하자던 정치인들" 제하의 기사 중 '9월 테제' 참조), 결국 통합진보당의 통일관련 정책은 '미군 철수, 국가보안법 폐지, 연방제 통일' 등으로 요약될 수 있을 것이다.

○ 북한의 대남전략전술 지침서인 '주체사상에 기초한 남조선 혁명과 조국통일이론'에 의하면 "美(미) 제국주의의 침략에 의하여 민족분단의 비극이 발생하였고, 따라서 남조선(대한민국)은 美 제국주의의 식민지"라는 전제 아래, "통일을 위해서는, 먼저 주한미군을 철수시켜 민족을 해방시킨 다음, 남조선 정부를 타도하여 인민민주주의 정부를 세우고(인민

혁명에 장애가 되는 국가보안법 폐지를 전제함), 남북의 인민정부끼리 연방제 통일을 이룩한다"는 것인 바,

ㅇ 통합진보당 강령에 나타난 위 통일정책 내용들은 모두 위와 같은 북한의 대남적화통일 방안인 '고려연방제 통일방안'의 핵심내용들인 것이다.

ㅇ 이와 같은 주장들은 북한의 대남적화전략전술에 부합하는 내용으로서 모두 자유민주적 기본질서를 위태롭게 하는 행위이기 때문에, 국가보안법 제7조 위반이라는 것이 확고한 대법원 판례이다(별첨10/ 대법원 1998. 3. 13. 선고 95도117 판결 참조).

3) 小結

위에서 살펴본 바와 같이 통합진보당의 목적은 우리 헌법상 핵심원칙인 자유민주주의 체제, 국민주권주의, 자유민주통일원칙 등을 부정하고 있으므로 민주적 기본질서에 위배되는 것이다.

나. 통합진보당의 활동

정당이 관련된 행위 중 어떤 범위까지 정당의 행위에 속하는 것으로 볼 것인지가 문제될 수 있으나, 대체로

① 정당에 속한 기관의 행위는 정당의 행위로 보아야 할 것이다. 따라서 당 지도부와 주요 당직자, 정당의 출판관련 조직, 정당의 지역조직 등의 행위는 정당의 행위로 볼 수 있다.

② 정당의 일반당원이 개별적으로 행한 행위는 일반적으로는 정당의 행위로 인정되어 정당해산과 연결시킬 수는 없을 것이다. 그러나 정당

이 이러한 행위를 의식적으로 묵인하거나 지원할 때, 또는 이러한 행위를 비판하거나 출당 등의 조치를 할 수 있음에도 불구하고 하지 않을 때에는 정당의 행위로 간주될 수 있을 것이다(별첨11/ 정당해산 심판제도에 관한 연구 132면 참조).

1) 통합진보당에 속한 기관의 활동

가) 김정일 사망에 애도성명발표

○ 통합진보당은 2011. 12. 19. 북한 독재자 김정일의 사망에 대해 "김정일 국방위원장 서거 소식에 애도를 표명한다"는 성명을 발표했다(별첨12/ 2011. 12. 19자 대변인 논평 참조).

○ 우리말에서 '逝去(서거)'는 존경·숭배하는 인물이나, 국가원수급 인물의 사망에 사용하는 용어이고, '哀悼(애도)'는 어떤 인물이 사망했을 때 그의 가족·친지·동료들이나 사망한 인물을 존경·숭배하는 사람들의 감정을 나타내는 '깊은 슬픔'을 뜻하는 용어이다.

○ 통진당이 김정일의 사망을 '서거'로 표현하고 김정일의 사망에 대해 '깊은 슬픔'을 표했다는 것은 이 당이 김정일을 존경·숭배의 대상으로 찬양하고 있음을 표현하는 행동이다.

○ 이와 같이 反국가단체나 그 구성원의 활동을 찬양·고무하는 것은 국가보안법에 위반되고, 자유민주적 기본질서를 위태롭게 하는 것이다.

나) 서울 핵안보정상회의 비난

○ 통진당은 2012년 3월27일 대변인 논평을 통해 서울 核안보정상회의를 다음과 같이 맹비난하였다(별첨13/ 2012. 3. 27자 대변인 논평 참조).

- "서울 核안보정상회의가 핵물질 확산 저지라는 명분 하에 오로지 이란과 북한에 대한 압박 정책 강화의 목적 하에 진행된 것임을 드러낸 것이다. … 核안보정상회의가 자신들이 보유한 가공할 핵무기와 핵 물질에 대한 논의는 외면하고 이란과 북한에 대한 정치적 압박용으로 변질된 것은 일종의 기만이다. … 한마디로, 이번 核안보정상회의는 다름 아닌 미국을 비롯한 주요 핵보유국의 核패권 강화회의에 불과한 것이다."

○ 核안보정상회의는 대한민국 생존에 치명적 위협이 되는 북한 核武器(핵무기)에 대해 구체적 비난 성명조차 채택하지 못했다. 그런데 통진당은 이것도 성에 차지 않아 위 회의를 "북한 압박 기만극"이라 비난했다.

○ 이와 같은 주장은 일방적으로 북한의 편에 서서 대한민국과 우방국들을 비방하는 등 북한의 대남전략전술에 동조하는 내용이므로 자유민주적 기본질서를 위태롭게 하는 행위라 할 것이다.

다) 향토예비군 제도 폐지 공약

○ 통합진보당은 2012. 4. 6. 제19대 국회의원 선거를 맞아 예비군제도 폐지를 공약했다(별첨14/ 이데일리 기사 참조).

○ 이는 대한민국 안보기능의 해체를 획책하는 것으로, 역시 북한의 대남전략전술에 동조하는 내용이므로, 자유민주적 기본질서를 위태롭게 하는 것이다.

라) 전향하지 않은 간첩 등을 국회의원 후보로 공천

○ 통합진보당의 비례대표 후보 20명 중 11명이 국가보안법 혹은 시국사건 전과자인 것으로 나타났다(별첨15/ "비례대표 20명 중 11명이 시국사건 전과자" 제하의 조갑제닷컴 기사 참조).

○ 특히, 비례대표 18번에 배정된 강종헌은 1975년경 在日(재일)동포 유학생 간첩단 사건으로 사형을 선고받은 뒤 13년을 복역하고 가석방되었는데, 석방 후에도 전향은커녕 利敵(이적)단체인 범민련(조국통일범민족연합)에서 해외본부 공동사무국 차장이라는 요직을 맡아 현재까지 활발하게 활동하고 있다(별첨16/ "전향하지 않은 간첩을 국회의원 후보로 공천한 통진당" 제하의 기사 참조).

○ 비례대표 15번 황선은 역시 利敵단체인 통일연대와 범청학련 남측본부 대변인을 지냈고, 1998년에는 한총련 대표로 불법 방북하였다가 1999년경 국가보안법 위반 혐의로 징역 2년, 자격정지 2년을 선고받은 바 있다. 또한 북한의 조선노동당 창건 60주년인 2005년경에는 또다시 방북, 평양에서 제왕절개수술로 딸을 출산하여 원정출산 논란을 일으키기도 하였다.

○ 비례대표 2번인 이석기는 反국가단체인 민족민주혁명당의 경기남부위원장으로 활동하다가 2003년경 국가보안법 위반으로 징역 2년6월을 선고 받았다.

○ 이와 같은 비전향 反국가사범들을, 중요한 국가기밀을 다루는 대한민국 국회에 침투시키는 것은 대한민국의 안전과 자유민주적 기본질서에 심각한 위해를 가하는 것이라 할 것이다.

마) 비전향 간첩 전력자를 요직인 '정책기획실장'에 기용

○ 일심회 간첩사건 관련자 최기영(46)은 현재까지도 통합진보당 정책기획실장으로 근무 중이다(별첨17/ "2010년 풀려난 간첩 전력자, 진보당 정책실장" 제하의 기사 참조).

○ 최기영은 2007. 12. 대법원에서 국가보안법 위반(간첩 등)으로 징역

3년6월을 선고받았으며, 그 후 전향한 흔적이 없는데도 통합진보당의 정책기획실장이라는 요직에 배치된 것이다.

○ 이와 같이 비전향 安保危害(안보위해) 사범을 정당의 정책기획실장에 배치한 행위는 대한민국의 안전과 자유민주적 기본질서에 심각한 위해가 되는 것이라 할 것이다.

바) 법치주의 부정

○ 통합진보당은 2012. 4. 11. 실시된 19대 총선의 비례대표 후보 경선에서 총체적 부정선거를 저질렀다(별첨18/ 데일리중앙 기사 참조).

○ 이와 관련하여 2012. 5. 2. 시민단체인 라이트코리아가 경선관리 관련자들을 검찰에 고발하였고, 검찰은 증거확보를 위해 2012. 5. 21. 법원으로부터 통합진보당사에 대한 압수수색 영장을 발부받아 집행에 나섰으나, 통합진보당은 당 차원에서 물리적으로 저항하며 압수수색 영장의 집행을 거부하였다(별첨19/ 네이버 블로그 참조).

○ 이와 같은 행위는 민주적 기본질서의 핵심적 요소인 법치주의를 부정하는 것으로 민주적 기본질서에 심각한 위해를 초래하는 것이다(별첨20/ 네이버 지식사전 참조).

2) 기타 당지도부 주요당직자 등의 행위

○ 통합진보당의 김선동 의원은 2012. 4. 24. 국회에서 기자회견을 열고

- "이명박 정부는 북한의 광명성3호 발사와 4·15 김일성 주석 100회 생일 행사 이후로 북한 최고지도자와 체제를 비난하면서 북한의 '도발'

을 부추기는 '북한 때리기'에 나서고 있다"

– "내정간섭이라 여길만한, 북한 체제와 새로운 지도자에 대한 훈계, 심지어 중국을 통해 북한을 봉쇄한다는 발언까지 이명박 대통령은 거침없이 북한의 새로운 권력을 자극하고 있다"

는 등으로 대한민국 정부와 대통령을 비난하는 발언을 하였다(별첨21/ 긴급기자회견문 참조).

○ 이는 장거리 로켓발사 등 북한의 도발로부터 대한민국의 안전을 지키려는 대한민국 정부와 대통령의 행위에 대해 反국가단체인 북한의 편에 서서 일방적으로 비난한 것으로, 북한의 대남전략전술에 동조하는 내용이므로, 대한민국의 안전과 자유민주적 기본질서를 위태롭게 하는 것이다.

3) 일반당원의 개별적 행위

○ 통합진보당 청년비례대표 경선에 나섰던 김지윤은 2012. 3. 4. 자신의 트위터에 제주 해군기지를 "제주 해적기지"라고 비난하는 글을 올렸다(별첨22/ "야권후보 '제주해군기지는 해적기지' 발언 논란" 제하의 기사 참조).

○ 이는 대한민국의 정통성과 정체성을 부정하여, 북한의 대남적화혁명전략에 동조하는 내용이므로, 대한민국의 안전과 민주적 기본질서를 위태롭게 하는 행위라 할 것이다.

○ 통합진보당은 당원인 김지윤의 이와 같은 안보위해 행위에도 불구하고, 문책이나 징계를 하기는커녕 오히려 이를 비호해 왔는바, 그렇다면 당원인 위 김지윤의 민주적 기본질서 위배활동은 통합진보당의 활동으로 간주될 수밖에 없을 것이다.

4) 공안사건을 통해 밝혀진 북한과 통합진보당과의 관계

○ 2011년에 적발된 왕재산간첩사건 수사결과에 따르면,

– 북한노동당 225국은 2010. 6. 2. 실시된 지방선거 직후인 2010. 7월부터 2011. 5월까지 5차례에 걸쳐 왕재산 총책 김덕용(49)에게 지령문을 하달했는데, 골자는 '남한 내 진보진영 통합에 관한 행동지침'이었다.

– 2011년 초 북이 보낸 진보대통합당 건설 추진문제와 관련된 지령문에서는 당시 진행 중이던 민주노동당·진보신당·국민참여당 간 통합논의에 대해,

• "진보신당 枯死(고사)는 불가능한 것이 아니다"

• "국민참여당이 비정규직법, 이라크파병, 한미FTA발기 추진 등 노무현정부 시절 과오들을 공개반성하면 진보통합당에 참여시킬 수 있다"

는 등의 내용이 들어있다(별첨23/ 〈조선일보〉 기사 참조).

○ 위와 같은 지령에 대해 통합당사자 중 어느 누구도 반발하거나 북한에 항의를 한 적이 없으며, 오히려 위 지령내용대로 통합작업이 이루어져 오늘날의 통합진보당이 생성되었다. 통합진보당 출범 이후에도 이에 대한 문제제기가 있었다는 소문을 들어본 적이 없다.

○ 따라서 통합진보당은 결국 북한의 대남적화전략에 동조하는 정당으로 볼 수밖에 없으므로, 통합진보당이라는 존재는 대한민국의 안전과 자유민주적 기본질서를 위태롭게 하는 것이다.

5) 小結

위에서 살펴본 바와 같이 통합진보당이 발표한 공약이나 공천활동,

대북자세, 대변인 논평, 그리고 당 지도부와 주요당직자 및 당원들의 행위는 모두 통합진보당의 활동으로 볼 수 있으므로 결국 통합진보당의 활동은 민주적 기본질서에 위배되는 것이다.

3. 結語(결어)

○ 헌법재판소법 제55조의 법문 상, 정당의 목적이나 활동이 자유민주적 기본질서에 위배될 경우 정당해산 사유가 됩니다.

○ 통합진보당의 경우, 목적 및 활동이 모두 자유민주적 기본질서에 위배되므로, 정상적인 법치국가에서라면 당연히 해산되었어야 할 정당입니다.

○ 헌법재판소법 상 정당해산심판 청구는 정부만이 할 수 있도록 되어 있습니다. 그런데 정부는 통합진보당에 대한 정당해산 심판청구를 하지 않고 있으므로 청원인 단체 등이 본건 청원을 하기에 이르렀습니다.

○ 정부 그리고 정부의 법률상 대표자인 법무부 장관은 신속히 국무회의의 심의를 거쳐 헌법재판소에 정당해산심판청구를 해주시기 바랍니다.

입증자료

별첨1. 통합진보당강령

별첨2. 김일성 강의 내용

별첨3. 민주노동당 해산심판청구 청원서

별첨4. '민중민주주의란 무엇인가' 논문

별첨5. 대법원 판결(2004. 8. 30. 선고 2004도3212 판결)

별첨6. 조선닷컴 블로그(고성혁 글)

별첨7. 6·15 남북공동선언 전문

별첨8. 10·4 남북공동선언 전문

별첨9. '6·15선언을 국가기념일로 하자던 정치인들' 제하의 기사

별첨10. 대법원 판결(1998. 3. 13. 선고 95도117 판결)

별첨11. 정당해산 심판제도에 관한 연구, 132면

별첨12. 대변인 논평(2011. 12. 19자)

별첨13. 대변인 논평(2012. 3. 27자)

별첨14. "통합진보 '예비군 제도 폐지' 공약" 제하의 이데일리 기사

별첨15. "비례대표 20명 중 11명이 시국사건 전과자" 제하의 조갑제닷컴 기사

별첨16. "전향하지 않은 간첩을 국회의원 후보로 공천한 통진당" 제하의 기사

별첨17. "2010년 풀려난 간첩전력자, 통진당 정책실장" 제하의 기사

별첨18. 데일리중앙 기사(통합진보당, 총체적 부정선거 확인)

별첨19. 네이버 블로그(통합진보당, 검찰 압수수색에 대치)

별첨20. 네이버 지식사전(민주적 기본질서)

별첨21. 대결과 파국의 남북관계 돌파 위한 국회평화사절단 파견 촉구,
김선동 의원 긴급기자 회견문

별첨22. "야권후보 '제주해군기지는 해적기지' 발언 논란" 제하의 기사

별첨23. 조선일보 기사(일심회 이어 왕재산 사건까지)

2012. 5.

청원인 대표 徐 貞 甲 (인)

대한민국정부

법률상 대표 법무부 장관 귀중

통합진보당 강령

2012.05.04. 강령개정위원회

2012.05.10. 전국운영위원회

일하는 사람이 주인 된 세상을 향하여

통합진보당은 갑오농민전쟁과 의병운동, 3·1운동과 민족해방운동·노동해방운동, 4·3민중항쟁, 4·19혁명, 부마항쟁과 5·18민중항쟁, 6월 민주항쟁과 7·8·9월 노동자 대투쟁, 촛불항쟁 등 도도히 이어져온 민중의 저항과 투쟁을 계승하는 정당이다.

통합진보당은 우리나라와 세계 진보 운동의 이상과 역사적 성과를 비판적으로 계승하고 자본주의 폐해를 극복하며 자주·평등·평화·자유·복지·생태·인권·소수자권리·연대 등 다양한 진보적 가치를 구현하는 새로운 대안 사회를 지향하는 진보정당이다.

통합진보당은 노동자·농민·중소상공인 등 일하는 사람들의 요구와 이해관계를 반영하고 대변하는 정당이며 그들의 지혜와 힘을 모아 일하는 사람이 주인이 되는 세상을 열어나갈 것이다. 특히 비정규직 노동자를 비롯하여 청년·여성·중소영세상공인·빈민·사회적 약자 및 사회 각계각층의 다양한 진보적 요구와 이해관계를 대변하겠다.

통합진보당은 제국주의 침략과 민족 분단과 군사독재, 초국적 독점자본과 재벌의 횡포와 수탈, 사회적 불평등과 생태파괴, 성차별 등으로 얼룩져 온 오욕의 역사를 바로잡고, 오늘날 신자유주의가 초래한 사회경제적 위기, 권위주의 정치가 빚어낸 민주주의 위기, 개방농정과 살농정책으로 인한 식량주권의 위기, 전 지구적 규모로 진행되고 있는 생태위기, 강대국 패권주의가 불러일으키는 전쟁위기를 극복할 것이다.

통합진보당은 일하는 사람이 주인되는 자주적 민주정부를 세우고, 민중이 정치·경제·사회·문화 등 사회생활 전반의 진정한 주인이 되는 진보적인 민주주의 사회를 실현하겠다.

통합진보당은 한반도 비핵 평화체제와 자주적 평화통일을 실현하고, 인간 존중, 노동 존중의 새로운 사회를 건설할 것이다.

통합진보당 강령 본문

우리가 만들 세상

특권 부패 정치구조 척결과 진보적 민주정치를 위하여

(1) 입법·사법·행정의 삼권분립 구조를 확립하고 국가권력기구를 민주적으로 개편한다.

(2) 공직비리수사처를 신설하며 검찰이 독점하고 있는 기소권을 분할하는 등 검찰개혁 및 사법제도 개혁을 확고히 추진한다.

(3) 정치 혁신을 위한 대선 결선 투표제와 독일식 정당명부 비례대표제 도입 등 민중주권 보장을 위해 정당법과 선거법 개정을 추진하며, 예산과 정책 결정 등에 대한 시민의 참여와 감시를 제도화해 직접민주주의를 확대한다.

(4) 한국정치의 고질적 문제인 계파정치와 지역주의를 청산하고 당원이 주인 된 정당민주주의를 확립한다.

(5) 대표적 반민주 악법인 국가보안법을 비롯해 반민주 제도와 악법을 폐지하고, 국정원, 기무사 등 특수권력기관의 시민생활 침해, 사찰행위를 전면 금지하며, 민주적 통제를 강화한다.

(6) 국가인권위원회 정상화와 차별금지법 제정을 비롯해 포괄적 국가인권 정책을 수립하고 평등권 실현과 차별 시정을 실효성 있게 추진한다.

(7) 국가균형발전정책을 일관성있게 추진한다. 지방분권과 주민자치를 구현하며, 특히 지방재정조정제도를 통해 지역별 재정격차를 해소해 지방재정을 확충하고, 수도권 과밀을 해소하고 지역 주민이 주체가 되어 지역자원을 활용하는 지속가능한 지역발전을 추진한다.

(8) 정치, 군사, 외교, 경제 등 제반 국가정책에서 주권을 확립한다.

(9) 과거 친일 친독재 행위에 대한 역사적 심판을 확고히 하고, 민족의 해방과 자유, 민주주의 발전을 위한 선대의 업적을 정당하게 평가하고 역사적 정체성을 바로 세운다.

민생중심의 자주 자립 경제체제 실현을 위하여

(10) 토빈세 도입 등을 통해 국제 투기 독점자본에 대한 규제를 강화하고, 불평등한 경제협정을 개정 폐지하며, 내수 주도형 경제체제를 강화하여 수출 주도형 경제체제의 폐해를 극복한다. 통상정책은 자국의 지속가능한 경제발전을 중심으로 국가 간 상호 호혜적인 공정 무역의 형태로 전환한다.

(11) 물, 전력, 가스, 교육, 통신, 금융 등 국가 기간산업 및 사회 서비스의 민영화 추진을 중단하고, 국공유화 등 사회적 개입을 강화해 생산수단의 소유구조를 다원화하며 공공성을 강화한다. 또한 공공부문은 경영 민주화, 투명화를 통해 공공기관의 대국민 서비스를 강화한다.

(12) 재벌의 소유 경영의 독점 해소 등을 통해 독점재벌 중심 경제 체제를 해체하고, 불공정 하도급거래 관행 근절, 대형 유통점 규제 등을 통해 중소기업 및 영세 자영업자를 보호 육성함으로써, 경제의 민주화를 실현하고 내수 중소기업 주도형 경제체제를 강화한다.

(13) 협동조합, 노동자 자주관리 기업, 사회적 기업 등 대안적 소유 지배구

조를 갖춘 중소기업을 육성하여 풀뿌리 경제를 활성화하고, 중소기업 서민 전담 금융기관을 설립해 중소기업과 서민 등 경제적 약자에 대한 금융접근성을 확대한다.

(14) 생태산업이자 전략산업인 농업을 보호하고 주요농산물의 국가수매제도를 도입하여 식량주권 확보와 농민소득을 보장하며, 지속가능한 농업, 자립적 순환적 생태적 농촌 공동체를 구축한다.

(15) 국민연금 등 각종 노동자 연기금에 대한 노동자 민중의 참여를 강화하고, 기업 경영과 국가 경제정책 결정과정에 노동자와 시민 참여를 보장해 자본 중심이 아닌 노동자, 시민과 함께 하는 경제를 실현한다.

(16) 고용과 환경 친화적 산업 정책을 통해 지속가능한 경제체제를 구축하고, 지역 경제를 활성화해 경제의 유기적 연관성을 확보한다.

연대와 참여를 통한 복지공동체 구현을 위하여

(17) 출산, 보육, 교육, 의료, 주거, 노후, 장례 등 '요람에서 무덤까지' 생애주기별 공적 사회서비스를 확대해 모든 사회구성원들이 질 높은 삶을 누릴 수 있도록 보편적 복지사회를 실현한다.

(18) 모든 사회구성원은 누구나 최상의 건강을 평등하게 누릴 권리가 있다. 건강 불평등을 심화시키는 의료 민영화를 중단하고, 단계적으로 무상의료를 구현하며, 주치의제도 도입, 공공 의료기관 확충, 건강보험 보장성 강화를 통해 공공의료 체계와 보편적 의료보장체계를 구축한다. 나아가 사회구성원들이 건강한 삶을 영위할 수 있도록 관련 제도, 문화, 기반구조 등을 개선한다.

(19) 입시제도 전면 개편, 고교 평준화, 대학 서열 체제 해체, 국공립대 확

대를 통해 교육의 공공성을 확보한다. 초중등 교육에 대한 의무교육을 확대하고 실질화하며 대학을 포함한 고등교육에 무상교육을 단계적으로 확대하는 한편, 사회인 누구에게나 평생학습 기회를 보장하기 위한 전면적 교육개혁을 실시한다.

(20) 토지 및 주택 공개념을 강화한다. 주택 공영제 및 사회주택 확대정책을 실시하고, 순환식 재개발을 추진하며, 세입자의 권리를 보장하고 저소득층에 대한 주거비 지원을 통해 주거기본권을 보장한다.

(21) 부양의무제 폐지와 상대적 빈곤선 도입으로 빈곤층 사각지대를 해소하여 국민기본 생활을 보장하며, 실업수당, 아동수당 신설 등을 통해 보편적 복지를 강화한다.

(22) 노령층의 편안한 노후 생활을 위해 보편적 기초연금 도입 등으로 노후소득을 보장하고, 질 높은 장기요양서비스를 제공하며, 다양한 문화생활을 누릴 수 있도록 지원한다.

(23) 보편적 복지체제와 자산 불평등 해소 및 사회적 재분배 강화 등 사회 전반의 진보적 개편을 뒷받침할 수 있도록 조세정의를 실현하며 부자증세를 통한 조세재정혁명을 이룩한다.

노동이 존중받고, 민중생존권이 보장되는 경제적 평등 사회 실현을 위해

(24) 노동시간의 획기적 단축을 통해 양질의 일자리를 창출하고 일과 휴식의 공존을 위해 노력한다.

(25) 비정규직 사용 제한, 파견제 폐지, 간접고용 사용 규제, 적극적 정규직 전환 노력 및 동일노동 동일임금 보장을 통해 비정규직 문제를 해결하고 고용

안정을 이룬다.

(26) 최저임금을 현실화하고, 생활임금을 보장함으로써 저임금 노동시장의 고용조건을 정상화한다.

(27) 교사 공무원 및 특수 고용직 노동자를 포함한 모든 노동자의 노동3권을 완전히 보장하고, 산별 교섭의 제도화를 포함한 민주적 연대적 노사관계를 발전시키며, 노동조합의 조직률을 높이기 위해 진력한다.

(28) 노점상의 경제적 실체를 인정하고 생계형 노점상에 대한 강제단속을 중단하며 생존권을 보장한다. 아울러 노점 단속 과정에서 발생하는 용역폭력을 근절하기 위해 경비업법, 행정대집행법을 전면 개정한다.

진정한 성평등 세상을 만들기 위해

(29) 동일노동 동일임금 실현을 통해 성별임금격차와 노동시장 내 성차별을 해소하고, 돌봄노동과 가사노동에 대한 사회적 책임을 강화한다.

(30) 여성할당제를 확대하고 차별받는 다양한 여성들의 대표성을 제고하여 여성의 정치적 대표성을 강화하며 실질적인 의사결정권을 보장한다.

(31) 임신·출산의 당사자인 여성에게 자신의 몸에 대한 결정권을 보장하고 성을 매개로 한 폭력과 착취를 근절한다.

(32) 결혼 외의 생활동반자 관계의 법적 사회적 지위를 인정하며, 가족, 종교, 학교, 미디어, 노동환경 내에서 성소수자에 대한 차별을 없앤다.

정의와 평등이 실현되고 지속가능한 사회체제를 위해

(33) 세계적 기후변화에 대응해 기후정의에 입각한 우리 사회의 혁신을 지

향하고, 핵발전소를 단계적으로 폐지하며, 분산형 재생가능에너지 체제로 전환하는 것은 물론 온실가스를 단계적으로 감축해 나가기 위해 노력한다. 또한 이 과정에서 노동의 정의로운 전환을 위해 노력한다.

(34) 무분별한 토건정책에서 탈피하고, 생명을 지향하며, 생태계의 위기가 곧 인간 삶의 위기임을 인식하여 자연과 인간이 공존상생하고 자원이 순환하는 생태사회를 실현한다. 훼손된 생태계를 복원하고, 자연의 권리가 인정되도록 한다.

(35) 공공과 생태를 위한 과학기술의 발전을 옹호 지원하며, 과학기술의 성과를 특정기업이나 계층이 독점하는 것을 막고, 사회진보와 시민전체의 이익으로 환원되도록 한다. 또한 과학기술의 의사결정과정에 민중의 참여를 보장한다.

(36) 언론의 자유와 독립성을 보장하고, 방송, 통신 등 필수 서비스의 공공성을 강화하며, 소비자의 이용비용을 절감하고, 국민들 사이의 정보격차를 해소한다.

(37) 재벌 언론, 언론 재벌의 종합 편성 채널 사업권을 회수하고 신문 방송의 공공성 강화와 소유 지배구조의 민주화를 실현하며 각종 대안 언론을 지원한다.

(38) 모든 국민이 누릴 수 있는 문화적 권리 보장과 독립문화예술 활동지원 등으로 문화다양성이 인정되는 문화 민주주의를 구현한다.

(39) 누구도 성별, 장애, 병력, 나이, 언어, 국적, 인종, 피부색, 출신지역, 용모 등 신체조건, 혼인여부, 임신 또는 출산, 가족형태 및 가족상황, 종교, 사상 또는 정견, 전과, 성적지향, 성별정체성, 학력, 고용형태, 사회적 신분 등으로 차별받지 않도록 포괄적인 차별금지법을 제정하여, 모든 시민이 평등하고 건강한 생활을 영위하도록 한다.

(40) 모든 어린이의 소양을 계발하고, 기회의 형평을 보장하며, 건강한 시민으로 성장할 수 있도록 돕는 것이 국가의 책임이다. 어린이, 청소년 인권 보장을 위한 법 제도를 마련하여, 청소년이 나라의 주역으로 자랄 수 있도록 한다.

(41) 청년의 사회진출을 돕고, 피선거권 연령을 낮추는 등 참정권을 확대하며, 정치적 대표성을 강화한다. 청년문화를 지원하고, 사회 각 부문에서 젊은 세대의 참여를 높이기 위한 제도를 도입하고 강화한다.

(42) 장애인이 지역사회에서 평등하게 살아갈 수 있도록 활동보조서비스와 이동권 및 접근권, 주거권 등을 보장한다. 또한 교육 및 노동에서의 차별을 없애 장애인이 사회경제적 지위를 획득함으로써 자립생활을 보장 받도록 한다.

(43) 이주민 증가에 따른 다문화 사회로 전환에 맞추어 인종, 언어, 국적, 문화의 다양성을 존중하고, 이주민에 대한 차별을 철폐하고 보편적 인권을 보장한다.

자주와 평화가 보장되는 한반도, 민족의 통일 체제를 향해

(44) 휴전협정을 평화협정으로 대체하는 등 한반도·동북아의 비핵·평화체제를 조기에 구축한다. 이와 연동해 주한미군을 철수시키고 종속적 한미동맹체제를 해체하여 동북아 다자평화협력체제로 전환한다. 국군의 해외 파병을 금지하고, 선제적 군비동결과 남북 상호 군비축소를 실현한다.

(45) 3군의 균형 있는 발전과 무기도입을 비롯한 국방조달의 투명성을 높이는 등 국방개혁을 일관성 있게 추진하는 한편, 대체복무제 도입, 군인 인권 보호 등 군의 민주화, 민주적 통제를 강화하고 인간안보를 실현한다.

(46) 7·4남북공동성명과 남북기본합의서의 정신을 존중하며, 6·15공동선언, 10·4선언을 이행하고 자주적 평화통일을 추구한다.

(47) 기존에 맺은 모든 불평등 조약과 협정을 개정 폐기하며 미·중 등 강대국중심의 국제질서를 극복하고 자주적 균형외교를 지향하며, 평화롭고 평등한 동아시아 공동체 건설과 함께 진보적 국제연대를 적극 실천한다.

6

민주노동당 해산 請願書

민주노동당을 違憲(위헌)정당으로
심판하여 해산해 달라는
請願書(청원서)의 要約(요약)

1. 민노당 강령은, 민중민주주의를 지도이념으로 표방한다. 민중민주주의는 인민민주주의 등과 마찬가지로 프롤레타리아 독재(공산주의)의 變種(변종)으로서, 국민 중 일부인 '민중'계급(노동자, 농민, 빈민)만의 主權(주권)을 주장함으로써, "국민 전체가 주인이요, 모든 권력은 국민에게서 나온다"는, 대한민국 헌법상의 國民主權主義(국민주권주의)와 자유민주주의를 부정하는 개념이고, 이미 대법원 판례에 의하여 명백한 利敵(이적)이념으로 판명되어 있다.

2. 민노당이 표방하는 통일정책은 북한의 고려연방제 赤化(적화)통일방안과 같은 것으로서, 대한민국 헌법이 명령하는 자유민주통일 원칙에 위배된다.

3. 민주노동당은 新舊(신구)강령을 통하여 사회주의 志向(지향), 북한식 연방제 통일, 민중민주주의, 주한미군 철수와 韓美(한미)동맹 해체, 私有(사유)재산권 무시, 자본주의 반대 등을 주장하므로 정당의 목적이 자유민주주의 체제, 國民主權주의, 자유민주통일 원칙 등 헌법에 명시된 민주적 기본질서에 위배되는 것이다.

4. 민노당의 목적뿐 아니라 활동도 민주적 기본질서를 상시적으로 위반하고 있다. 大選(대선)후보 권영길은 헌법에 위배된 '코리아 연방공화국 건설'을 국가비전으로 내세우며, 국가보안법 철폐, 韓美동맹 해체, 주한미군 철수 등을 주

"민주노동당은 목적 및 활동이
모두 민주적 기본질서에 위배되므로,
헌법재판소에 위 政黨(정당)에 대한
解散審判請求(해산심판청구)를 할 것을 請願(청원)합니다"

장하였다.

5. 민주노동당 당직자들이 간첩 등 공안사건에 연루된 경우가 여러 번 있었으나, 黨은 소속 당원들의 犯行(범행)과 관련하여 對국민 또는 對정부 사과를 한 적이 없고, 또한 해당 당원에 대하여 출당 등 조치를 취한 적이 없으며 간첩을 침투시켜 민노당을 장악하려 한 북한정권에 항의한 적이 없다. 이는 민노당의 이념과 목적과 활동이 총체적으로 反헌법적이고, 反국가적이며 從北的(종북적)이란 점과 관련이 있다.

6. 헌법재판소법 제55조의 법문상, 정당의 목적이나 활동이 자유민주적 기본질서에 위배될 경우 정당해산 사유가 된다. 민주노동당의 경우, 목적 및 활동이 모두 자유민주적 기본질서에 위배되므로, 정상적인 法治(법치)국가에서라면 벌써 해산되었어야 할 정당이다. 헌법재판소법 상 정당해산심판 청구는 정부만이 할 수 있도록 되어 있다. 정부는 민주노동당이 창당된 지 10여 년이 지나도록 정당해산 심판청구를 하지 않고 있으므로 청원인(단체)이 본건 청원을 하기에 이르렀다. 정부 그리고 정부의 법률상 대표자인 법무부 장관은 신속히 국무회의의 심의를 거쳐 헌법재판소에 정당해산심판청구를 해줄 것을 청원한다.

請 願 書

청 원 인   1. 사단법인 국민행동본부(이사장 서정갑)

주 소 : 서울특별시 강남구 역삼동 702-2

삼성제일빌딩 1804호

2. 국가정상화추진위원회(위원장 고영주)

주 소 : 서울특별시 강남구 수서동

로즈데일오피스텔 1922호

청원기관   대한민국정부(법률상 대표자 법무부 장관)

청원취지   민주노동당(대표 이정희)에 대해 정당해산심판을

청구해 주시기 바랍니다.

위 민주노동당 주소 : 서울특별시 영등포구 여의도동

14-31 한양빌딩 4층

청원 이유

1. 개요

민주노동당은 목적 및 활동이 모두 민주적 기본질서에 위배되므로,
헌법재판소에 위 정당에 대한 해산심판청구를 할 것을 청원합니다.

2. 민주노동당의 목적 및 활동의 민주적 기본질서위배 내용

가. 민주노동당의 목적

1) 헌법상 기본원칙인 자유민주주의와 헌법 제1조에서 표방하는 국민 主權(주권)주의 부정

○ 민주노동당 강령에서는

– 민주노동당은 노동자, 농민 등 민중의 힘과 지혜를 모아 일하는 사람이 주인이 되는 세상을 열어 갈 것이다.

– 진보적 민주주의가 이 땅에 구현되지 않는 한 민중의 삶은 억압과 수탈에서 벗어날 수 없다. 이에 민주노동당은 … 민중이 참주인이 되는 진보적 민주주의 체제를 건설할 것이다.

– 민주노동당은 민중主權을 실현하여 … 새 세상을 향해 전진할 것이다.

– 민주노동당은 노동자와 민중의 투쟁에 늘 함께 하고, 투쟁의 성과를 정치권력의 場에 확장시킨다.

– 민주노동당은 … 지배구조와 지배이념에 대항하는 민중권력을 구축한다.

– 민주노동당은 … 全세계 노동자계급, 착취 당하는 민중 … 과의 국제연대에 앞장서 …

등으로 민주노동당의 목적을 천명하고 있다(별첨1/ 민주노동당 강령 참조).

○ 위와 같은 선언들은 모두 이른바 '민중민주주의' 이념의 표현인데, 민중민주주의는 인민민주주의나 마찬가지로 프롤레타리아 독재(공산주의)의 變種(변종)으로서(별첨2/ '민중민주주의란 무엇인가' 논문 참조), 국민 중 일부인 민중계급만의 主權(주권)을 주장함으로써, "국민 전체가 주인이요, 모든 권력은 국민에게서 나온다"는 國民主權主義와 자유민주주의를

부정하는 개념이고, 이미 대법원 판례에 의하여 명백한 利敵(이적)이념
으로 판명되어 있다(별첨3/ 대법원 2004. 8. 30. 선고 2004도3212 판결 참조).

　ㅇ 또한 '全세계 노동자 계급과의 연대' 주장은 '공산당 선언'에서 천명
된 '프롤레타리아 국제주의'의 원칙에 입각한 표현이고(별첨4. '프롤레타리아
국제주의란 무엇인가' 논문 참조, 윤원구 著《공산주의의 본질》중), 특히 위 내용 중
'진보적 민주주의'란, 김일성이 북한공산독재체제 즉 '인민민주주의'를 미
화하여 사용한 용어일 뿐만 아니라(별첨5/ 김일성 강의 내용 참조), 민주노동
당이 이러한 '진보적 민주주의 체제'를 건설하겠다는 것은, 현재 대한민
국이 채택하고 있는 자유민주주의 체제를 부정하고, 이를 전복 내지 파
괴하여 다른 체제를 만들겠다는 의미가 담겨 있다고 보지 않을 수 없다.

　ㅇ 결국 민주노동당의 목적은 우리 헌법상 자유민주적 기본질서에 위
배되는 것임이 명백하다.

2) 헌법의 통일정책 부정

　ㅇ 헌법 제4조에서는 통일정책으로서 '자유민주적 기본질서에 입각
한 평화적 통일정책'을 천명하고 있다.

　ㅇ 그런데 민주노동당 강령에서는

　－ 제국주의 침략과 민족분단, 외래 독점자본과 국내재벌의 민중수탈, 독재, 사
　　회 불평 등 … 얼룩져 온 汚辱(오욕)의 역사를 바로 잡고 … 민족의 자주적 발
　　전과 평등사회, 평화통일을 실현하기 위해 투쟁하고 있다.

　－ 外勢(외세)의 부당한 간섭이나 개입을 반대하고, 우리 민족의 주체적 힘에 의
　　한 자주적 평화통일을 지향한다 … 흡수통일의 방식이 아닌 … 연방제 방식
　　의 통일을 지향한다.

　－ 한미군사동맹체제를 해체하고, 주한미군을 철수시킨다.

등으로 통일관련 정책을 밝히고 있다(위 별첨1/ 민주노동당 강령 참조).

○ 북한의 對南전략전술 자료집인 《주체사상에 기초한 남조선 혁명과 조국통일이론》에 의하면 "미 제국주의의 침략에 의하여 민족분단의 비극이 발생하였고, 따라서 남조선(대한민국)은 미 제국주의의 식민지라는 전제아래, 통일을 위해서는, 먼저 주한미군을 철수시켜 민족을 해방시킨 다음, 남조선 정부를 타도하여 인민민주주의 정부를 세우고, 남북의 인민정부끼리 연방제 통일을 이룩한다"는 것인 바,

○ 민주노동당 강령에 나타난 통일정책 내용들은 모두 위와 같은 북한의 對南적화통일 방안인 '민족해방인민민주주의 혁명전략' 및 '고려연방제 통일방안'의 내용들인 것이다.

○ 결국 민주노동당이 표방하는 통일정책은 북한의 고려연방제 통일방안과 같은 것으로서, 대한민국 헌법이 명령하는 '자유민주통일' 원칙에 위배한 것이다.

3) 개정 前 민주노동당 강령 검토

○ 현 강령은 자유민주적 기본질서에 위배되는 민주노동당의 목적이 노골적으로 드러나는 것을 회피하기 위하여, 일부 용어를 순화한 것임에도 불구하고, 前述(전술)한 바와 같이 여전히 자유민주적 기본질서에 위배되는 것이다.

○ 그러나 민주노동당의 실체를 좀 더 정확히 알기 위해서는 창당 당시의 강령을 살펴볼 필요가 있다.

○ 2000. 1. 29. 창당 대의원대회에서 제정된 강령을 보면,

– 인류사에 면면히 이어져 온 사회주의적(社會主義的) 이상과 원칙을 계승 발전시켜 새로운 해방공동체를 구현할 것 … <u>노동해방, 인간해방의 사회주의적</u>

가치를 계승할 것

- 자본주의(資本主義) 사회는 계급적 불평등을 초래하여 소유와 권력으로부터 소외된 민중에게 고통스런 삶을 강요하고 있다 … 資本主義 체제를 넘어 모든 인간이 인간답게 살 수 있는 평등과 해방의 새 세상으로 전진해 나갈 것

- 총수 일족의 지분을 공적(公的)기금을 활용해 강제(强制)로 유상 환수해 재벌을 해체할 것 … 통신, 운수, 병원, 학교 등은 공공기관이나 공기업(公企業)으로 전환 … 농지와 소규모 생활터전용소유지를 제외한 일정 규모 이상의 土地국공유

- 농기계를 공동으로 쓰고 토지를 집단적으로 이용 … 노동자·농민 등 민중대표를 중심으로 정부와 기업대표가 참여하는 '경제정책위원회'가 국민경제를 기획하고 조절 … 금융기관의 공적소유와 경영을 기본으로 경제정책위원회가 통제할 것'

- 북한을 적(敵)으로 규정하는 국가보안법(國家保安法) 등 냉전제도, 북한 낙인론과 같은 냉전의식, 북한을 敵對化하는 냉전문화를 청산할 것 … 국가보안법, 국가정보원과 기무사 따위를 폐지

- 불평등한 韓美군사조약과 韓美행정협정을 폐기하고, 美軍을 철수시킬 것 … 우리 민족의 통일을 방해하고 자주권을 억압하는 美國을 포함한 모든 외세와의 불평등조약 및 협정을 무효화할 것 … 주한미군을 완전히 철수시키는 냉전구조의 청산

- 우리에게 당면한 과제는 머지않아 도래할 것으로 예견되는 미국과 중국 사이의 동북아 新냉전이 구축되기 이전, 최소한 국가연합이나 연방제(聯邦制) 방식의 통일이라도 이뤄 국제적으로 우리의 민족통일을 기정사실화하는 일 … 국가연합·聯邦制 통일 이룰 것

등으로 드러내놓고 사회주의 내지 공산주의 체제를 지향하고 있으며,

북한의 對南(대남)전략전술에 추종하고 있었다.

4) 小結

민주노동당의 목적은 자유민주주의 체제, 國民主權주의, 자유민주통일원칙 등 헌법상 민주적 기본질서에 위배되는 것이다.

나. 민주노동당의 활동

정당이 관련된 행위 중 어떤 범위까지 정당의 행위에 속하는 것으로 볼 것인지가 문제될 수 있으나, 대체로,

① 정당에 속한 기관의 행위는 정당의 행위로 보아야 할 것이다. 따라서 당 지도부와 주요 당직자, 정당의 출판관련 조직, 정당의 지역조직 등의 행위는 정당의 행위로 볼 수 있다.

② 정당의 일반당원이 개별적으로 행한 행위는 일반적으로는 정당의 행위로 인정되어 정당해산과 연결시킬 수는 없을 것이다. 그러나 정당의 이러한 행위를 의식적으로 묵인하거나 지원할 때, 또는 이러한 행위를 비판하거나 출당 등의 조치를 할 수 있음에도 불구하고 하지 않을 때에는 정당의 행위로 간주될 수 있을 것이다(별첨6/ 정당해산 심판제도에 관한 연구 132면 참조).

1) 민주노동당에 속한 기관의 활동

가) 제17대 대통령 선거 당시 정책공약

○ 민노당 大選(대선)후보 권영길은 이른바 '코리아 연방공화국 건설'

을 국가비전으로 내세우며, 국가보안법 철폐, 韓美동맹 해체, 주한미군 철수 등을 주장하였다.

  - 전술한 바와 같이 이와 같은 주장들은 북한의 對南적화전략전술에 부합하는 내용으로서 종전에는 모두 자유민주적 기본질서를 위태롭게 하는 행위이기 때문에 국가보안법 제7조 위반이라는 것이 확고한 대법원 판례이다(별첨7/ 대법원 1998. 3. 13. 선고 95도117 판결 참조).

  - 특히 '코리아 연방'이란 용어는 북한이 주장하는 고려연방 중 '고려'를 '코리아'로 바꿔놓았을 뿐이라는 점에서 북한의 對南전략에 노골적으로 동조하는 모습을 보였다.

  ○ 위 정책공약집에는 이 밖에도

  - 안보체제에서

   • 국군을 60만 명에서 20만 명 수준으로 減軍(감군)하고,

   • 무기체계를 축소·폐기하며

   • 예비군 제도를 철폐하고,

   • 募兵制(모병제)를 실시하자는 등

안보기능의 전면적 해체를 내걸었다.

  - 경제체제에서는

   • 재벌그룹을 해체하고, 사회화하며

   • 주요基幹(기간) 산업과 은행을 再국유화한다.

   • 무상주택, 무상교육, 무상의료의 전면실시

  등 공산주의 경제체제를 지향하고 있는 등 북한의 對南적화통일전략 실현이 용이하도록 하는 정책들을 제시하고 있다.

  ○ 민노당에서는 권영길 大選후보 외에 경선에 나섰던 심상정, 노회찬 의원도 연방제와 국가보안법 폐지·주한미군 철수 등을 주장했던 점

에서 大同小異(대동소이)하고, 특히 헌법 제3조 영토조항의 변경까지 주장하는 등 국가의 존립 안전 및 자유민주적 기본질서에 심각한 위해를 가하였다.

나) 기타 당 지도부, 주요 당직자들의 발언

○ 민주노동당 문성현 前 대표는

– 대표당선 직전인 2006. 2. 26. 〈통일뉴스〉와의 인터뷰에서, 연방제 방식의 통일을 기본목표로 한다고 발언하고,

– 민주노총의 인터넷신문인 〈노동과 세계〉에 따르면, 2007. 8. 15. 서울 광화문에서 열린 소위 8·15민족통일대회에서

• "그 동안 북한을 포위·고립해 압살하려는 미국의 기류가 작년 북한의 과감한 핵실험으로 無力化(무력화)됐고, 이후 평화의 길로 들어섰다. 이것은 북이 모진 고난을 딛고 일어난 성과다."

• "2차 정상회담을 맞아 미국이 강요하는 일방적이고 악랄한 한미동맹을 끝장내는 투쟁으로 가야 한다. 미군철수를 위해 당이 앞장 서겠다" 는 등 노골적인 從北(종북)주장을 하는 등 국가의 존립·안전과 자유민주적 기본질서를 위태롭게 하였다.

○ 민주노동당 이용대 前 정책위의장은 당 기관지 《진보정치》 337호를 통해

– "올해 민주노동당 大選의 한 가지 특징은 경선후보들이 창조적 통일방안을 정책의 제1순위로 강조하고 나섰다는 것"이라며, "코리아 연합, 평화경제공동체, 코리아 연방 등 표현은 다양하지만, 토론과정에서 확인된 바 연방제 원칙에 모든 후보가 동의했다는 것은 중요한 성과라고 평가하고,

- "남북이 ⋯ 통일할 수 있는 유일한 합리적 방안은 연방제뿐이라는 것이 그간 피어린 투쟁을 통해 확인한 통일운동의 교훈"이라며, "올해 大選을 민중이 주인되는 '연방통일공화국' 원년으로 만들자"는 등 국가의 존립·안전 및 자유민주적 기본질서를 위태롭게 하는 주장을 하였다.

다) 小結

민주노동당의 大選후보 권영길이나 大選후보 경선에 나섰던 심상정·노회찬 의원, 당 대표이던 문성현, 정책위 의장이던 이용대 등 당 지도부와 주요 당직자들의 행위는 모두 민주노동당의 활동으로 볼 수 있으므로, 결국 민주노동당의 목적뿐 아니라 활동도 자유민주적 기본질서에 위배된다고 할 수 있을 것이다.

2) 일반당원의 개별적 행위

가) 민주노동당의 상당수 당직자들이 다음과 같이 간첩 등 공안사건에 연루되었다.

○ 2004년 4월에는 민노당 고문 강태운(72)이 국가보안법 위반(간첩 등)으로 징역 6년형을 대법원에서 확정 선고받았는데, 姜 씨는 1999년 2월부터 베이징(北京), 도쿄(東京) 등 제3국에서 조총련 조직원 朴 모, 북한 공작원 金 모 등과 만나 민노당 관련 자료 등 정보를 제공한 뒤, 북한으로부터 지령을 수수하고 공작금을 받아 왔다.

○ 2006년 10월, 북한공작원의 지령을 받고 민노당에 대한 정보를 제공한 민노당 서울시 대의원 이정훈, 사무부총장 최기영이 국가보안법 위반(간첩 등)으로 구속되어 대법원에서 李 씨는 징역 3년, 崔 씨는 징역

3년6월을 확정 선고 받았다. 수사 및 재판결과에 따르면, 최기영은 민노당 중앙당을 담당했고, 이정훈은 민노당 서울지역을 담당했다.

○ 2006년 11월2일에는 민노당 대의원 박종기가 2003년 북한에 밀입국, 국내 군사정보를 북한 對南공작부서에 알려준 혐의(국가보안법상의 잠입탈출 및 고무찬양)로 체포되어 2년6월을 복역하였다. 그는 귀국 후 金日成(김일성)을 찬양하고 反美(반미)를 선동하는 글을 사이버 상에서 유포하면서, 북한에 사업계획서를 보내는 등 反국가활동을 계속한 혐의였다.

○ 2006년 12월21일에는 최규엽 민노당 집권전략위원장(현재는 민노당 부설 새세상연구소 소장)이 국보법(고무찬양) 위반혐의로 1심에 이어 2심에서도 징역 6월, 집행유예 2년의 유죄판결을 받았다. 2001년 訪北(방북) 당시 평양의 조국통일 3대헌장기념탑에서 열린 행사에 참가한 崔 씨가 북측의 통일방침을 찬양, 선전한 혐의이다.

○ 또 아직까지 수사결과가 밝혀지지 않았지만, 2011년 8월에는 북한 노동당의 남한 내 지하당인 이른바 '왕재산 사건'에 민노당 당원들이 상당수 연루된 것으로 알려지고 있다.

나) 공안사건 등을 통해 밝혀진 북한과 민주노동당의 관계

○ 북한, 민노당 완전장악 기도

- 2006년 국가정보원이 발표한 '일심회 관련 북한 지령 및 보고 문건' 등 수사결과에 따르면, 북한은 민노당의 '완전 장악'을 기도해왔다. 북한은 ▲최기영에게 '민노당 중앙당 정책·기획부서에 침투할 것' ▲이정훈에게 '서울지역 주요 권역별 하부조직을 결성할 것' ▲손정목에게 '민노당이 反한나라당 노선을 관철하도록 권영길 대표를 설득할 것' 등을 지령했다.

- 2006년 12월28일 일심회 2차 공판과정에서는 "北의 의지가 관철되는 민노당을 만들라", "민노당의 지도핵심체계를 세우라"는 등의 지령을 북한이 내렸던 사실도 밝혀냈다.

- 일심회 조직원들은 북한의 지령에 따라

• 민노당 최고위원회의원단 총회 등 각종 회의자료, 주요 당직자 344명 성향 분석자료

• "민노당 주요 활동가 K1·K2·C 모 씨 등을 '위대한 장군님 사상으로 의식화하라'는 지시에 따라 사업을 진행했다"는 등의 對北보고를 해왔다.

- 〈한국일보〉가 2006년 10월31일 보도한 바에 따르면, 2005년 6월 한나라당이 제출한 윤광웅 국방장관 해임 결의과정에서 "한나라당 고립·압살·타격키 위해 북한 조선로동당 방침에 따라, 기획실무자 김창현(44, 당시 민노당 사무국장) 등 최고위원들의 지지를 업고 (민노당이 부결을) 실행했다"고 對北보고를 했던 것으로 알려졌다.

- 일심회 연루자들은 공판과정에서 북한의 지령 및 이행 여부에 대해 '자신들은 북한과 대등한 관계에서 협조했을 뿐'이라는 식으로 주장했다. 그러나 검찰 기소내용에 따르면, 이들은 '장군님의 先軍(선군)영도가 유일한 정답(최기영)', '한명 한명을, 수령을 결사옹위하는 충직한 전사로 만들겠다(이진강)'는 등 북한의 지령을 충실히 따라왔다.

- 북한은 20여 차례의 지령을 내렸고, 일심회 회원들은 30여 차례 對北보고문을 올렸던 것으로 확인됐다. 對北보고문은 북한을 祖國(조국), 한국을 敵後(적후) 등의 암호로 표시했다. 이런 공로로 일심회 주범인 장민호는 조국통일상과 노력훈장, 손정목은 조국통일상, 이정훈·이진강은 노력훈장을 각각 북한에서 받았다.

○ 北한민전, 민노당을 지속적으로 격려

– 북한은 평소 민노당을 "민족민주전선 건설의 주체"로 치켜세우며 노골적인 지지와 격려를 보내왔다. 북한의 對南전위기구인 반제민전(舊 한민전·한국민족민주전선)은 2004년과 2000년 총선 당시 "민노당 후보들을 반드시 국회에 진출시키라"고 지령하기도 했다.

– 2000년 민노당 창당 이래 한민전의 관련 주장들을 인용하면 아래와 같다.

• "민주노동당을 반드시 국회에 진출시켜 대중적 진보운동을 새로운 반석 위에 올려놓아야 한다." [〈월간조선〉(2004년 2월호)이 입수한 한민전 지령문 中]

• "한국의 대표적 진보정당은 민주노동당이다 … 통일전선사업에서의 민주노동당의 역할은 비약적으로 제고될 것이다." [주체 90년(2001년). 한민전의 '자주·민주·통일을 지향하는 진보정당건설은 시급한 과제' 中]

• "主體思想(주체사상)이 시대의 향도사상으로 민족민주운동의 지도이념으로 자리 잡았다 … 한국변혁운동의 지도핵심은 主體思想으로 정신무장하고 민중속으로 들어가 투쟁과 실천에서 모범을 보이는 사람들 … '전국연합(당시 대표 오종렬)'·'민중연대(당시 대표 정광훈)'·'통일연대(당시 대표 한상렬)'·'민주노동당'은 향후 실질적 '민족민주전선' 건설 사업을 담당하는 주체이다."[주체 90년(2001년). 한민전의 '한국민족민주운동의 새로운 전진을 위하여' 中]

• "민노당은 향후 자주·민주·통일을 기본강령으로 하는 대중적인 혁신정당으로서 위상을 가지고 의회를 넘나들며 '민족민주전선' 사업에 복무하는 역할을 충실히 수행해나가야 할 것이다 … 主體思想으로 정신무장하고 민중과 생사고락을 같이하는 한국 민족민주운동의 앞길에는

오직 승리와 영광만이 있을 것이다."(上同)

• "민주노동당은 강령과 공약에서 표방하고 있는 것처럼 민족의 자주와 통일, 새 정치를 지향하고 있다 … 2000년 총선에서 민주노동당 후보에게 표를 주어야 한다." [주체 89년(2000). '누구에게 표를 주어야 하나']

○ "민노당 집권하면 '고려 연방제' 완성"

– 북한은 향후 민노당이 집권할 때 '고려 연방제'가 완성될 것으로 보면서, 소위 민족민주세력의 민노당 중심 단결을 촉구해왔다. 2005년 7월17일 작성된 '낮은 단계 연방제 진입국면, 민족민주세력은 무엇을 하여야 하는가'라는 반제민전 문건은 이렇게 적고 있다.

• "지금 시작되는 낮은 단계 연방제 단계는 以南(이남)에서 자주적 민주정부 수립을 준비하는 단계이기도 하다. 以南에 자주적 민주정부가 들어서야 고려민주연방공화국이 건설될 수 있다. 민주노동당 정권이 수립되었을 때 민족통일기구는 명실상부하게 정부·정당·사회단체를 망라한 민족통일전선으로 최종 완성될 것이다."

• "그러므로 민족민주세력은 민주노동당을 중심으로 조직적 단결을 강화하고, 조직내의 분파적 요소들을 뿌리 뽑아 민주노동당을 견실하고 활력 있는 대안세력으로 키워내며, 그 폭을 확대하여 광범위한 민중의 신망을 받는 참된 민중의 대변자로 발전시켜야 한다."

– 북한정권의 지속적 격려에 화답하듯 민노당 김혜경 前 대표는 2005년 8월 평양 '애국열사릉'에 참배해 "당신들의 '애국의 마음'을 길이 길이 새기겠다"고 서명하기도 했다.

다) 위와 같은 당직자들의 국가안보 危害(위해)행위나 북한의 지령에 대한 민주노동당의 태도

○ 위에서 본바와 같이 민주노동당 당직자들이 간첩 등 공안사건에 연루된 경우가 여러 번 있었으나, 민주노동당은 소속 당원들의 범행과 관련하여 對국민 또는 對정부 사과를 한 적이 없고, 또한 해당 당원에 대하여 출당 등 조치를 취한 적이 없다.

○ 오히려 이를 수사하는 공안수사기관이나 정부에 대하여 공안탄압 등으로 비난 하면서 위 당직자들을 비호하여 왔다(별첨8/ 기자회견문, 별첨 9/ 대변인 브리핑 참조).

○ 또한 수사 및 재판과정에서 북한이 민노당을 장악하고 조종하려는 의도가 밝혀졌음에도, 한 번도 북한에 항의하거나 이의를 제기한 적도 없다.

라) 小結

위에서 본바와 같이 민주노동당이 당직자들의 안보 危害행위에도 불구하고 해당 당직자들을 비호해 온 점, 북한의 민노당 장악의도를 알면서도 이를 용인해 온 점 등을 종합하면, 위와 같은 당직자들의 민주적 기본질서 위배 활동들은 모두 민주노동당의 활동으로 간주될 수밖에 없을 것이다.

3. 結語

○ 헌법재판소법 제55조의 법문 상, 정당의 목적이나 활동이 자유민주적 기본질서에 위배될 경우 정당해산 사유가 됩니다.

○ 민주노동당의 경우, 목적 및 활동이 모두 자유민주적 기본질서에 위배되므로, 정상적인 法治(법치)국가에서라면 벌써 해산되었어야 할 정

당입니다.

○ 한편 헌법재판소법 상 정당해산심판 청구는 정부만이 할 수 있도록 되어 있습니다.

○ 정부는 민주노동당이 창당된 지 10여년이 지나도록 민노당에 대한 정당해산 심판청구를 하지 않고 있으므로 청원인 단체 등이 본건 청원을 하기에 이르렀습니다.

○ 정부 그리고 정부의 법률상 대표자인 법무부 장관은 신속히 국무회의의 심의를 거쳐 헌법재판소에 정당해산심판청구를 해주시기 바랍니다.

입증자료
별첨1. 민주노동당 강령
별첨2. '민중민주주의란 무엇인가' 논문
별첨3. 대법원 2004. 8. 30. 선고 2004도3212 판결
별첨4. '프롤레타리아 국제주의란 무엇인가' 논문
별첨5. 김일성 강의 내용
별첨6. 정당해산 심판제도에 관한 연구 132면
별첨7. 대법원 1998. 3. 13. 선고 95도117 판결
별첨8. 기자회견문
별첨9. 대변인브리핑

2011. 8. 26.
청원인 대표   徐 貞 甲 (인)

대한민국정부
법률상 대표 법무부 장관 귀중

立證자료 요약

1. '민중민주주의'란 무엇인가?

2. 대법원 판결, '民衆민주주의는 북한공산집단과 궤를 같이함'

1. '민중민주주의'란 무엇인가?

민주주의를 내걸면서 자유민주주의를 부정하는 이유

尹元求(윤원구) 전 명지대 교수가 쓴 《民衆민주주의란 무엇인가》는 한 국의 좌익들이 주장하는 민중민주주의가 사실상 공산주의(사회주의)의 한 變種(변종)이며 대한민국 헌법의 핵심 가치인 자유민주주의를 부인하 는 反헌법적, 反국가적 이데올로기임을 論證(논증)한 名著(명저)이다.

尹 교수는 책에서 좌익들이 민주주의를 내걸면서도 자유민주주의를 부인하고 있는 점을 먼저 지적한다.

〈이 문제를 고찰함에 있어서 무엇보다도 먼저 指摘·確認(지적·확인) 하지 않으면 안 될 것은, 저들이 자유민주주의를 '外皮'(외피)라고 誹謗(비 방)하여 '否認'(부인)하고 있다는 사실이다.

"한국에 있어서 자유민주주의는 매판관료세력의 자기 利害(이해) 은 폐, 그리고 독재체제의 구축을 위한 외피로 사용되어진 것에 불과하다."
[출처: 삼민투위의 문건 '1步前進'(일보전진)]

즉, 韓國에 있어서 자유민주주의(우리의 國是)를 가리켜서 매판관료세력 의 '外皮'라고 비방·매도함으로써, 저들은 이것을 명백히 '부인'하고 있다.

이와 같이, 三民鬪委(삼민투위·삼민투쟁위원회, 민족통일·민중해방·민주쟁 취 구현을 목표로 하는 투쟁조직)는 민주주의를 내걸면서 자유민주주의를 비 방·부인하고 있는 것이다〉

尹 교수는, "만일 민중민주주의가 容共(용공)노선이 아니라고 끝내 주

장하려고 한다면, 三民鬪委는 이제라도 共産主義(공산주의)에 대한 비판적 입장을 명백하고 정당하게 밝히지 않으면 안 될 것이며, 일본의 공산당과 사회당을 비롯한 東歐 衛星國家(동구 위성국가)들까지도 마침내 시인한 6·25의 南侵(남침)을 시인하는 데 있어서도 결코 주저해서는 안 될 것이며, KAL기 피격사건, 랭군폭발암살사건(아웅산 테러 사건을 지칭), 金日成 父子의 권력세습음모에 대해서도 '民主主義'와 '民族主義(민족주의)의 입장에서 양심적 고발을 하는 데 앞장서지 않으면 안 될 것이다"고 쐐기를 박았다.

본질은 프롤레타리아 독재

尹 교수는 공산주의자들이 '민주주의'라는 용어를 악용한 사례를 지적한다.

〈民衆민주주의가 끝내 對共비판을 외면한 채 自由민주주의에 대한 否認만을 고집하고, 북한 공산집단의 山積(산적)한 秕政(비정)과 죄악에 대해서는 끝까지 입을 다문 채 대한민국에 대한 비방·부정만을 일삼는 偏向(편향)에 계속 머문다면, 그 때에는 人民民主主義(인민민주주의)를 가리켜서 '프롤레타리아 獨裁(독재)의 한 변종'이라고 규정하는 소련의《경제학 교과서》에 의하여 똑같이 규정되게 된다는 것을 결코 모르지는 않을 것이다.

즉,《경제학 교과서》에 따르면, "제2차 세계대전 후 … 유럽과 아시아의 몇몇 나라에서 인민민주주의 제도가 승리했는데, 이것은 프롤레타리아 독재의 한 변종"(출처: 소련《경제학 교과서》, 일본 합동출판사)이라는 것이다.

그런데, 이 책은 또 말하기를 "資本主義(자본주의)로부터 공산주의에의 移行(이행)은 물론 극히 多種多樣(다종다양)한 정치형태를 취하지 않을 수 없다. … 왜냐하면, 프롤레타리아 국가의 형태는 자기 나라에서 조성되어 있는 구체적인 歷史的(역사적) 조건과 혁명의 특수성에 따라서 여러 가지로 다르기"때문이라는 것이다〉

좌익들이 공산주의니 사회주의니 하는 정치이데올로기가 법으로 금지된 곳에서 여러 형태의 용어(민주주의란 말을 꼭 쓴다)로 자신들의 正體(정체)를 숨기려 하지만 소련의 눈으로 보면 공통된 본질은 '프롤레타리아 독재', 즉 사회주의 독재라는 것이다.

〈따라서, 자본주의로부터 공산주의로 이행하는 정치형태가 人民민주주의를 내거느냐 新민주주의 또는 진정한 民主主義·進步的(진보적) 민주주의를 내거느냐 하는 것은 그 나라의 실정에 달려 있다는 것이니, 國家保安法(국가보안법) 하의 三民鬪委(삼민투위)가, 이미 容共(용공)노선이란 사실이 입증·확인된 人民민주주의를 그대로 내걸 수 없다는 것은 너무나 당연한 일이다.

그런데, 《경제학 교과서》는 또 다음과 같이 말하고 있다.

"이 경우, 본질은 不可避的(불가변적)으로 오직 하나 프롤레타리아 독재일 것이다."

즉, 프롤레타리아 국가가 人民민주주의·新민주주의·進步的민주주의·民衆민주주의 등 어떤 형태를 취하고 나오느냐에 관계없이 그것들이 "본질은 불가변적으로 오직 하나 프롤레타리아 독재"라는 것이다〉

그러면 이 '프롤레타리아 독재'란 과연 무엇인가. 레닌은 이렇게 설명하였다.

〈독재의 과학적인 개념은, 어떤 것에 의해서도 制限(제한)되지 않고, 어떤 法律(법률)에 의해서도 절대로 拘束(구속)되지 않는, 직접 暴力(폭력)에 입각하는 權力(권력) 이외의 다른 것이 아니다〉(출처: 레닌, 《獨裁問題(독재문제)의 歷史(역사)에 부쳐서》)

〈독재란 힘에 입각하고 법률에 입각하지 않는 無制限(무제한)의 권력이다〉(출처: 上同)

스탈린은 또 다음과 같이 주장하고 있다.

〈프롤레타리아트의 독재는 그 속에 반드시 폭력이란 개념을 포함하지 않으면 안 된다. 독재를 그 말의 엄밀한 의미로 이해한다면, 독재는 폭력 없이는 있을 수 없다〉(출처: 스탈린, 《레닌主義의 諸問題에 부쳐서》)

〈즉, 공산주의의 프롤레타리아 獨裁論(독재론)에서 말하는 독재란 것은, ①어떤 법률—憲法(헌법)에 의해서조차도 절대로 구속되지 않고, ②직접 폭력에 입각하고 법률에 입각하지 않는, ③무제한의 권력이라는 것이니, 한 마디로 말해서 法治主義(법치주의)가 아닌 무제한의 폭력지배라는 것이다〉

憲政파괴를 위한 폭력으로 나갈 수밖에 없는 이유

민노당이 내건 민중민주주의가 '프롤레타리아 독재'를 의미한다면 이는 폭력을 정당화함으로써 헌법질서를 부인하는 쪽으로 나아갈 수밖에 없는 것이다.

尹 교수는, 공산주의에서 말하는 프롤레타리아 독재권력은 국가의 기본법인 헌법보다도 상위에 자리 잡고 있으므로, 모든 공산주의 국가의 헌법 어디에도 共産黨(공산당)의 독재권력에 대해서 언급하는 말이 一言半句(일언반구)도 없고, 따라서 헌법 위에 있는 권력이다. 북한노동당의 규약이 북한의 헌법 위에 있는 것을 유념할 필요가 있다.

尹 교수는 '그러므로, 우리는 여기서 다음의 사실을 또 알게 된다'고 지적한다.

〈우리가 때로 '자유당 독재'니 '공화당 독재'니 하는 경우의 독재와 '프롤레타리아 독재'의 독재는 그 뜻이 전혀 다르다는 사실이다. 우리가 말하는 독재는, 三權分立(삼권분립)의 기초 위에 행정부의 권한이 상대적으로 강대해진 결과, 다른 2部가 본연의 제 기능을 다하지 못하는 경우에 그것을 비판 또는 견제하기 위하여 하는 말일 뿐, 헌법을 초월하는 무제한의 폭력지배라는 뜻이 전혀 아니며 또 절대로 그렇게 될 수도 없는 것이다.

그러므로, 종래 이른바 地下大學(지하대학)에서 주장해온 "남북한이 독재이기는 마찬가지"라고 하는 말은, 對共비판의 초점을 흐려 놓기 위한 하나의 교묘한 술책에 지나지 않는 것으로서, "용어를 혼란시켜라"라고 한 레닌의 전술—말하자면 '用語混亂戰術'(용어혼란전술)에 따르고 있는 것이다〉

독재가 어떻게 민주주의인가?

공산주의의 위장 전략을 읽는 데 가장 중요한 열쇠는 '프롤레타리아 독재'를 '민주주의'라고 부른다는 점이다. 독재를 민주주의라고 부를 수 있다면 자유를 억압으로 부를 수도 있다. 애국을 반역으로, 반역을 애국으로 둔갑시킬 수도 있다. 공산주의의 언어전술을 깨면 이들의 정체가 드러난다. 尹元求 전 명지대 교수는 저서 《민중민주주의는 무엇인가》(명지대학교 출판부)에서 이렇게 설명한다.

〈공산주의자들은 民主主義에 두 가지 종류가 있다고 주장한다.

"자본주의 밑에서의 민주주의는 자본주의적 민주주의며, … 프롤레타리아 독재 밑에 있어서의 민주주의는 프롤레타리아적 민주주의다."(출처: 북한 共産黨 간부 교재, 《정치경제학》)

그런데, 공산주의자들은 한 걸음 더 나아가서 저들의 이른바 프롤레타리아 독재를 가리켜 '참된 민주주의' 또는 '최고형태의 민주주의'라고 찬미하고 있으며, 심지어 레닌은 "가장 민주주의적인 부르주아 공화국보다도 100만 배나 민주주의적이다"라고 극구 찬미하고 있다.

그러면, 독재가 어떻게 민주주의일 수 있는가.

여기에 대하여, 공산주의자들은 다음과 같이 주장하고 있다.

"프롤레타리아 독재 밑에 있어서의 민주주의는 … 소수 착취자들을 억압하기 위한 다수 被(피)착취자들의 민주주의이다."(출처: 上同)

"소비에트 權力(권력)은 노동자와 농민이 제휴하고 협력하는 무대이며, … 그 때문에 인구의 소수자에 대한 다수자의 권력이며 다수자의 독재를 표현하기 때문에 가장 大衆的(대중적)이며 가장 민주주의적인 국가조직이다."(출처: 스탈린, 《레닌主義의 기초에 대하여》)

한 마디로 말해서, 프롤레타리아 독재는 그것이 틀림없이 독재임에도 불구하고, 노동자와 농민의 동맹권력─즉 다수자에 의한 독재이기 때문에 참된, 최고형태의 민주주의라는 것이다. 바꾸어 말해서, 저들의 독재는 형식적으로는 독재이지만, 내용적·실질적으로는 民主主義라는 주장이다.

이와 같이, 공산주의자들이 저들의 독재를 가리켜서 민주주의라고 주장할 때의 민주주의는, 다만 '다수자'의 권력, '다수자'의 독재라는 뜻을 갖고 있을 뿐, 처음부터 법치주의나 개인의 자유 보장 등을 생명으로 하고 있는 자유민주주의와는 전혀 다른 뜻으로 쓰고 있는 것이다. 이것 또한 용어혼란의 전술인 것이다〉

민중민주주의는 黨의 독재, 수령 독재로 간다

소수에 대한 다수의 지배와 압박을 '민주주의'라고 부르는 것은 개인의 존엄성을 절대적 가치로 존중하고, 다수결의 원칙을 견지하면서도 소수를 포용하고 소외된 이들을 공존의 대상으로 여기는 자유민주주의와 상치된다.

尹 교수는 또 저들이 말하는 다수자의 권력이란 주장도 허구라고 지적하였다.

〈民衆민주주의는 '노동자·농민·도시빈민'이 이 나라의 주인이 되는 것처럼 겉으로 꾸미면서, 노동자를 파는 공산주의자들이 主導權(주도권)을 잡겠다는 것이니, "민주주의적으로 보이도록 하라. 그러나, 일체를 黨(당)의 手中(수중)에 장악하라"고 주장한 前 동독 공산당수 울브리히트의 말이 저들의 속셈을 여실히 드러내 보여 주고 있다 하겠다〉

노동자가 민중의 주도권을 잡는다고 하지만 결국은 공산당이 독재권을 장악하고, 그런 당은 김일성이나 스탈린 같은 수령이 지배하니 '프롤레타리아 독재'라는 가짜 민주주의는 전체주의로 낙착된다.

그러면 '민중민주주의자들이 自由민주주의를 부인하면서 주장하는 민주화란 무엇인가' 라는 의문이 생긴다. 이들이 한국사회를 민주화하겠다고 주장하는 경우의 민주화의 뜻은, 民衆 즉 '노동자·농민·도시빈민의 被지배계급의 연합' 또는 '매판독점자본을 뺀 한국사회의 모든 계급'이란 뜻의 민중의 정권을 수립하겠다는 말이다.

〈다시 말해서, 대한민국의 現 정권을 "부르주아가 정치권력을 독점하는" 소수자 지배로 규정한 다음, "민중이 주인이 되는" 또는 "민중이 지배하는" 사회를, '무장투쟁', '도시폭동', '내전'을 통해서 실현하겠다는 것─이것이 저들이 말하는 민주화의 뜻인 것이다. (그러나 저들이 주장하는 바 '민중이 지배하는' 사회가 실질적으로는 프롤레타리아 독재라는 이름의 공산당 독재 사회에 지나지 않는다는 것은 앞에서 이미 밝혀진 바와 같다)

따라서, 저들이 지향하는 민주화란 것은 自由민주주의를 발전시키자는 뜻이 전혀 아닌 것이다. 이른바 地下大學이, "북한은 이미 민주화되었다. 남은 것은 남한의 민주화이다"라고 말할 때의 민주화도 마찬가지이다. 남한에 있어서의 자유민주주의를 발전시키자는 뜻이 아니라, 남한에 공산당 독재를 수립하자는 뜻인 것이다〉

2. 대법원 판결, '民衆민주주의는 북한공산집단과 궤를 같이함'

1998년 3월13일 대법원은 모내기 그림이 利敵(이적)표현물에 해당한다는 판결을 내리면서 북한정권의 연방제 통일안은 공산화 통일을 의미한다는 점을 분명히 하였다.

〈그림 상반부는 북한을 그린 것으로서 통일에 저해되는 요소가 전혀 없이 전체적으로 평화롭고 풍요로운 광경으로 그림으로써 결과적으로 북한을 찬양하는 내용으로 되어 있고, 그림 하반부는 남한을 그린 것으로서 美·日 제국주의와 독재권력, 매판자본 등 통일에 저해되는 세력들이 가득하며 농민으로 상징되는 민중 등 피지배 계급이 이들을 강제로 써래질하듯이 몰아내면 38선을 삽으로 걷듯이 자연스럽게 통일이 된다는 내용을 그린 것이라 할 것이므로, 결국 이는 피지배 계급이 파쇼독재정권과 매판자본가 등 지배계급을 타도하는 민중민주주의 혁명을 일으켜 연방제 통일을 실현한다는 북한 공산집단의 주장과 궤를 같이하는 것으로 여겨질 뿐만 아니라, 위에서 본 제작동기, 표현행위 당시의 정황 등 제반 사정을 종합하여 보면, 위 그림은 反국가단체인 북한 공산집단의 활동에 동조하는 적극적이고 공격적인 표현물로서 舊 국가보안법 제7조 제5항 소정의 이적표현물에 해당한다고 봄이 상당하다고 할 것이다〉

이 판결문은 요사이 민주노동당 등 좌익세력이 주장하는 민중민주주의가 〈피지배 계급이 파쇼독재정권과 매판자본가 등 지배계급을 타도하는 민중민주주의 혁명을 일으켜 연방제 통일을 실현한다는 북한 공산집단의 주장과 궤를 같이하는 것〉이라고 판단한 것이다. 민중민주주의는 헌법이 허용할 수 있는 좌파사상이 아니라 대한민국을 공산화시키려는 폭력혁명 이론임을 분명히 한 것이다.

판결문 全文

대법원 1998. 3. 13. 선고 95도117 판결【국가보안법위반】

[공1998.4.15.(56),1113]

【판시사항】

[1] 이적표현물의 판단 기준

[2] 反국가단체의 활동에 동조하는 내용이 담긴 모내기 그림이 이적표현물에 해당된다고 본 사례

【판결요지】

[1] 표현물의 내용이 舊 국가보안법의 보호법익인 국가의 존립·안전과 자유민주적 기본질서를 위협하는 적극적이고 공격적인 표현이면 표현의 자유의 한계를 벗어난 것이고 표현물에 이와 같이 이적성이 있는지 여부는 표현물의 전체적인 내용뿐만 아니라 그 제작의 동기는 물론 표현행위 자체의 태양 및 외부와의 관련사항, 표현행위 당시의 정황 등 제반 사정을 종합하여 결정하여야 한다.

[2] 反국가단체의 활동에 동조하는 내용이 담긴 모내기 그림이 이적표현물에 해당하지 않는다고 본 원심판결을 채증법칙 위배 등을 이유로 파기한 사례.

【참조조문】

[1] 舊 국가보안법(1991. 5. 31. 법률 제4373호로 개정되기 전의 것) 제7조 제5항

[2] 舊 국가보안법(1991. 5. 31. 법률 제4373호로 개정되기 전의 것) 제7조 제5항, 형사소송법 제308조

【참조판례】

[1][2] 대법원 1998. 3. 13. 선고 95도2467 판결(같은 취지) /[1] 대법원 1992. 3. 31. 선고 90도2033 전원합의체 판결(공1992, 1466), 대법원 1997. 2. 28. 선고 96도1817 판결(공1997상, 1226), 대법원 1997. 6. 13. 선고 96도2606 판결(공1997하, 2093), 대법원 1997. 11. 25. 선고 97도2084 판결(공1998상, 175)

【全文】

【피고인】 피고인

【상고인】 검사

【원심판결】 서울형사지법 1994. 11. 16. 선고 93노7620 판결

【주문】

원심판결을 파기하고 사건을 서울지방법원 본원 합의부에 환송한다.

【이유】

검사의 상고이유를 판단한다.

1. 원심판결 이유에 의하면 원심은, 구 국가보안법(1991. 5. 31. 법률 제4373호로 개정되기 전의 법률, 이하 같다) 제7조 제5항의 규정은 각 그 소정행위가 국가의 존립·안전을 위태롭게 하거나 자유민주적 기본질서에 위해를 줄 명백한 위험이 있는 경우에 한해서 적용되는 것이라 할 것인데, 첫째, 그림이 표현하는 사상이나 이념이 구 국가보안법 제7조 제5항에 위반되는 이적성이 있는지 여부를

판단함에 있어서는 그 시대의 상황에 있어서 사회일반인이 갖는 건전한 상식과 보편적인 정서에 기초하여 그림을 해석하여야 할 것이고

둘째, 미술품이 실정법위반인지 여부를 판단함에 있어서는 획일적, 일의적으로 해석하지 않도록 매우 신중하고 섬세하여야 하며

셋째, 회화의 이적성 여부를 판단함에 있어서 어떤 특정부분을 전체 그림에서 분리하여 독립적으로 해석하여 그것이 이적성을 띠는 것인가 여부를 판단하여서는 아니되고 각개의 구성 부분은 주제의식을 드러내기 위해서 작품 전체의 구성과 관련하여 어떠한 역할을 하는가 하는 관점에서 해석되어야 하고

넷째, 헌법 제22조 제1항에서 예술의 자유를 보장하고 있으므로 국가안전보장, 질서유지, 공공복리 등을 위하여 이를 제한하는 경우에도 필요한 최소한의 규제에 그쳐야 할 것이어서 그 제한 법규는 가능한 한 한정적으로 엄격하게 축소해석하여야 할 것이라는 해석방법을 기초로, 거시 증거에 의하여, 이 사건 모내기 그림의 하반부에 관하여는, 전체적으로 원작자가 표현하고자 하는 바대로 통일에 장애가 되는 요소로서의 외세와 저질외래문화를 배척하고 우리 사회를 민주화하여 자주적, 평화적 통일로 나가야 한다는 조국통일에의 의지 및 염원을 나타낸 것이고, 하반부의 그림 중에 탱크, 미사일 등 무기를 써래질하는 모양은 비인간적이고 평화와는 상치되는 무기의 배제를 상징적으로 나타내어 평화통일을 이루어야 함을 표현하고자 하는 것이고, 위 모내기 그림의 상반부에 관하여는 통일이 주는 기쁨과 통일 후의 평화로운 모습을 이상향으로 묘사하고 있는 사실을 인정하고, 공소사실에 부합하는 증거를 배척하여 무죄를 선고한 제1심을 그대로 유지하고 있다.

2. 그러나 원심의 위와 같은 판단은 다음과 같은 이유로 수긍하기 어렵다.

표현물의 내용이 구 국가보안법의 보호법익인 국가의 존립·안전과 자유민주적 기본질서를 위협하는 적극적이고 공격적인 표현이면 표현의 자유의 한

계를 벗어난 것이고 표현물에 이와 같이 이적성이 있는지 여부는 표현물의 전체적인 내용뿐만 아니라 그 제작의 동기는 물론 표현행위 자체의 태양 및 외부와의 관련사항, 표현행위 당시의 정황 등 제반 사정을 종합하여 결정하여야 할 것이다(대법원 1992. 3. 31. 선고 90도2033 전원합의체 판결, 1997. 2. 28. 선고 96도1817 판결, 1997. 6. 13. 선고 96도2606 판결 등 참조).

기록에 의하면, 이 사건 모내기 그림은 130.3cm×160.2cm 크기의 캔버스에 유화물감을 이용하여 1986. 7. 20.경 제작에 착수하였다가 개인사정으로 일단 중단한 뒤 1987. 6.경 다시 작품제작을 재개하여 같은 해 8. 10. 완성한 작품으로서, 그림의 상단 우측에 백두산을, 하단에 파도가 이는 남해바다를 그리는 등 전체적으로 보아 한반도를 묘사하고 있고 상반부와 하반부로 나누어 각각 다른 광경을 그리고 있는바,

그림 하반부는 모내기를 하는 농부가 황소를 이용하여 써래질을 하면서 소위 미·일 제국주의 등 외세를 상징하는 이.티(E.T), 람보, 양담배, 코카콜라, 매트헌터, 일본 사무라이, 일본 기생, 레이건 당시 미국대통령, 나카소네 당시 일본수상, 군사파쇼정권을 상징하는 전두환 당시 대통령, 미군을 상징하는 탱크, 핵무기 등은 물론 지주 및 매판자본가 계급을 상징하는 사람들을 황소가 짓밟으면서 남해 바다 속으로 쓸어버리고 삽으로 분단을 상징하는 38선의 철조망을 걷어내는 형상을 묘사하고 있고, 그림 상반부는 상단에 잎이 무성한 나무숲에 천도복숭아가 그려져 있고 그 나무숲 좌측상단에 두 마리 비둘기가 다정하게 깃들어 있는 모습이 그려져 있으며 그 나무숲 우측 아래에 북한에서 소위 '혁명의 성산'으로 일컬어지는 백두산이 그려져 있으며 그 바로 밑 좌측 부분에는 꽃이 만발한 곳에 초가집과 호수가 그려져 있으며 그 아래 부분에 농민들이 무르익은 오곡과 풍년을 경축하며 각종 음식을 차려놓고 둘러앉거나 서서 춤을 추며 놀고 주변에는 어린이들이 포충망을 들고 행복하게

뛰어 노는 장면이 그려져 있는 사실,

피고인은 위 그림을 자신이 1986. 2.경 회원으로 가입하여 1987. 3.경에는 공동대표를 역임한바 있는 민족미술협의회(이하 '민미협'이라고 한다) 주최의 '통일전'에 출품하여, 통일의 저해요소인 외래저질 퇴폐문화와 미·일 외세, 군사독재정권, 지주 등 자본가 계급 등을 없애야 한다는 것을 농민 등 민중에게 알리기 위한 목적으로 제작한 것으로서, 제작한 후에 1987. 8. 중순경 실제로 민미협 주최의 제2회 통일전에 출품하였고, 그 후 1988. 10.경 민미협 발행의 1989년도 달력에 게재케 한 사실, 민미협은 민족미술운동 또는 민중미술운동을 추구하고 있는바 민중미술운동에 대하여 민족역량의 한 부분이며 민족이 처한 상황을 극복하는 힘이라고 자평하고 있으므로 민중미술은 순수미술이 아니라 이른바 민족과제에 복무하는 미술로서 민중들의 통일의지를 심어주고 민중의 민족해방의지를 구체화한 작품을 창작하는 데 그 목적을 두고 있는 사실,

위 그림의 제작 당시인 1986~1987년경에는 소위 운동권에서 주체사상이 널리 확산되면서 북한의 주장을 좇은 남한혁명이론으로서의 민족해방 민중민주주의혁명론(NLPDR)이 득세하였는데 동 이론은 남한을 미제국주의의 식민지로 보고 미국의 사주를 받은 군사독재정권과 매판자본가들이 남한의 민중을 억압, 착취하고 있으므로 남한의 노동자, 농민, 애국적 청년, 학생, 지식인 등이 연합하여 미제를 축출하고 민중의 정권 이른바 민주정부를 수립하여야 한다는 이론이었고, 아울러 통일에 관하여도 남한에서 위와 같은 민주정부를 수립한 후 북한과의 연방제 통일을 주장하는 이론이 주장되기 시작하였던 사실을 인정할 수 있는바, 위 인정 사실에 비추어 보면 그림 상반부는 북한을 그린 것으로서 통일에 저해되는 요소가 전혀 없이 전체적으로 평화롭고 풍요로운 광경으로 그림으로써 결과적으로 북한을 찬양하는 내용으로 되어 있고, 그림 하반부는 남한을 그린 것으로서 미·일 제국주의와 독재권력, 매판자본

등 통일에 저해되는 세력들이 가득하며 농민으로 상징되는 민중 등 피지배계급이 이들을 강제로 써래질하듯이 몰아내면 38선을 삽으로 걷듯이 자연스럽게 통일이 된다는 내용을 그린 것이라 할 것이므로,

결국 이는 피지배계급이 파쇼독재정권과 매판자본가 등 지배계급을 타도하는 민중민주주의 혁명을 일으켜 연방제 통일을 실현한다는 북한 공산집단의 주장과 궤를 같이하는 것으로 여겨질 뿐만 아니라, 위에서 본 제작동기, 표현행위 당시의 정황 등 제반 사정을 종합하여 보면, 위 그림은 반국가단체인 북한 공산집단의 활동에 동조하는 적극적이고 공격적인 표현물로서 구 국가보안법 제7조 제5항 소정의 이적표현물에 해당한다고 봄이 상당하다고 할 것이다.

따라서 이와 달리, 이 사건 모내기 그림의 하반부는 통일에 장애가 되는 요소로서의 외세와 저질외래문화를 배척하고 우리 사회를 민주화하여 자주적, 평화적 통일로 나가야 한다는 조국통일에의 의지 및 염원을 나타낸 것이고, 그 그림의 상반부는 통일이 주는 기쁨과 통일 후의 평화로운 모습을 이상향으로 묘사하고 있다고 인정하여, 피고인이 위 그림을 제작·반포한 행위에 대하여 무죄로 판단한 제1심을 그대로 유지한 원심에는 채증법칙을 위배하였거나 구 국가보안법상의 이적표현물에 관한 법리를 오해한 위법이 있다고 할 것이고, 이와 같은 위법은 판결에 영향을 미친 것이 명백하므로, 이 점을 지적하는 상고이유의 주장은 이유 있다.

3. 그러므로 원심판결을 파기하고 사건을 원심법원에 환송하기로 하여 관여 법관의 일치된 의견으로 주문과 같이 판결한다.

대법관 송진훈(재판장) 천경송 지창권(주심) 신성택

민노당 事件史

(표1) 주요 당직자 국보법 위반사례

	이름	직책	주요 사례
1	김성진	現민노당 최고위원	-1982년 국보법 위반 구속 (징역 3년, 자격정지 3년 선고) -1989년 국보법 위반 구속 (징역 10월 선고)
2	오병윤	前민노당 최고위원	-1985년 국보법 위반 구속 -1994년 6월2일 김일성 조문 가담
3	심상정	前민노당 국회의원	-1985년 구로동맹파업 주도 (국보법·집시법 위반 등 11가지 혐의로 수배) (1993년 징역 1년, 집행유예 2년 선고)
4	조승수	前민노당 최고위원	-1987년 7월 국보법 위반 구속 (징역 10월, 자격정지 1년 선고)
5	장원섭	現민노당 사무총장	-1988년 反美청년회 사건 연루, 국보법 위반 구속 (징역 1년6월, 집행유예 2년 선고)
6	노회찬	前민노당 사무총장	-1989년 인천지역민주노동자연맹 사건 주도로 국보법 위반 구속 (징역 2년6월 선고)
7	박승흡	前민노당 대변인	-1991년 국보법 위반 구속 (징역 1년, 집행유예 2년, 자격정지 1년 선고)
8	문성현	前민노당 대표	-1995년 국보법 위반 구속 (징역 2년, 집행유예 3년 선고)
9	김창현	現민노당 울산시 위원장	-1998년 영남위 사건으로 국보법 위반 구속 (징역 2년, 자격정지 2년 선고)
10	황 선	前민노당 부대변인	-1998년 8월7일 한총련 대표 자격으로 밀입북, 국보법 위반 구속 (징역 2년6월, 자격정지 2년 선고)
11	최규엽	現민노당 부설 새세상연구소 소장	-2001년 국보법 위반 불구속 기소 (징역 6월, 집행유예 2년)
12	강태운	前민노당 고문	-2003년 국보법 위반 구속 (징역 6년, 자격정지 4년 선고)
13	이정훈 최기영	前민노당 중앙위원(이정훈) 前민노당 사무부총장(최기영)	-2006년 일심회 사건으로 국보법 위반 구속 (이정훈: 징역 3년 선고, 최기영: 징역 3년6월 선고)
14	박종기	前민노당 노원구 대의원	-2006년 국보법 위반 구속 (징역 2년6월 선고)

(표2) 주요 사건 일지

	날짜	사건
1	1999년	'크리스찬아카데미 사건' 연루자 장상환 경상대 교수 민노당 社會主義(사회주의) 강령(경제문제) 작성 주도
2	2000년 1월30일	민노당 창당, 黨대표 권영길 (前민노총 초대 위원장) 선출
3	2000년 8월10일	'애국투사 비전향장기수 민주노동당 환송식' 개최
4	2000년 10월	北노동당 창건 55주년 기념행사 관련 주요 당직자 訪北
5	2001년 6월	6 · 15공동선언 1주년 금강산 통일 대토론회 참가
6	2002년 2월20일	부시 訪韓반대 범국민대회 개최
7	2004년 7월	國軍의 이라크 파병저지 민노당 대표단 무기한 농성
8	2005년 8월	黨지도부 北사회민주당 교류 명목으로 訪北 24일 김혜경 대표, 평양 신미리 애국열사릉 참배
9	2005년 10월	利敵단체 한총련 출신 黃羨(황선) 부대변인 訪北, 10일 평양에서 出産
10	2006년 9월	한미FTA 중단 국민투표실시 촉구 100만 서명운동 주도
11	2006년 10월	北核실험 이후 남북관계 해결 명목으로 黨대표단 평양 방문
12	2007년 1월17일	김은진 최고위원, 서만술 등 朝總聯 관계자들과 회합
13	2007년 2월28일	김은진 최고위원, 國會에서 朝總聯과 기자회견 열어
14	2007년 3월19일	심상정 의원, 기자회견에서 憲法 영토조항 변경 요구
15	2007년 7월7일	권영길 의원, 광주─전남 연설에서 '빨치산의 아들' 커밍아웃
16	2007년 7월17일	노회찬 의원, 제17대 대선 예비후보 선거에서 '7공화국 11테제' 발표 (憲法 영토조항 삭제, 국보법 폐지, 코리아연합건설, 민주적 사회경제체제 확립)
17	2007년 9월	권영길 의원 제17대 대선 출마 (코리아연방공화국 건설, 국보법 폐지, 주한미군철수 주장)
18	2007년 10월	민노총 등 左派단체와 함께 '간첩─빨치산 추모제' 주도
19	2008년 2월	강기갑 의원, 미국산 쇠고기 수입반대 단식 농성
20	2008년 5월6일	1000여 개 左派단체와 연대 '광우병 국민대책회의' 결성
21	2008년 6월25일	미국산 쇠고기 수입반대 길거리 토론회 개최 不法 시위 참여한 이정희 의원 경찰에 강제 연행
22	2008년 11월	黨지도부 北사회민주당 교류 명목으로 訪北 北사회민주당과 6 · 15, 10 · 4선언 이행 및 聯邦制 통일 합의
23	2008년 12월12일	이정희 의원, 國會 본회의장 의장석 점거
24	2008년 12월18일	이정희 의원, 國會 한미FTA비준동의안 상정 과정에서 회의장 출입문 · 집기 파손
25	2009년 1월5일	강기갑 의원, 국회경위과장 폭행 및 공무집행 방해 등으로 이후 불구속 기소

	날짜	사건
26	2009년 1월19일	"쿠바나 베네수엘라 무역체계로 가자" 강기갑 의원, 〈중앙일보〉 인터뷰 발언
27	2009년 1월20일	'전국철거민연합회' 주도 '용산4구역 방화폭동사건'관련 서울경찰청장, 행정안전부 장관 등 파면요구
28	2009년 1월	'용산4구역 방화폭동사건'관련 촛불집회 주도
29	2009년 4월22일	강기갑 의원, 한미FTA비준동의안 처리 과정에서 국회 난동
30	2009년 6월10일	'6월 항쟁 계승 · 민주회복을 위한 범국민대회' 주도 강기갑 의원, 전투경찰의 어깨 타고 올라가 폭력 행사 이정희 의원, 경찰 견인차량 앞에서 소동 부리다 실신
31	2009년 7월22일	이정희 의원, 國會에서 與野 女性의원들과 난투극
32	2009년 8월6일	강기갑 의원, 쌍용자동차 평택공장 앞에서 단식농성
33	2010년 3월27일	"북한의 공격 가능성은 낮아 보인다" [천안함 爆沈(폭침)사건 발생 다음 날 논평]
34	2010년 8월4일	"6 · 25가 남침인지, 북침인지는 나중에 답하겠다" 이정희 의원, KBS 라디오 '열린토론' 발언
35	2010년 10월1일	〈경향신문〉이 민노당의 從北행태 비판하자 新聞 絕讀(절독)선언
36	2010년 11월23일	"더 이상의 무력충돌과 확전은 모두의 불행" (연평도 포격 직후 논평)
37	2011년 7월~현재	한진중공업 파업 사태 관련, 민주당—진보신당 의원들과 함께 시위 주도

7

우리 곁에 들어온 從北세력

우리 곁에 들어온 從北세력

국민세금으로 反대한민국 활동

▲ 수원시·성남시·하남시, 통진당 인사들이 장악한 지자체 산하 기관에 최대 수십
  억 원의 國庫 지급
▲ 통진당에 매년 수십억 원씩 지급되는 국가보조금

趙成豪(조갑제닷컴 기자)

수원시 산하 기관에 지급된 市費만 36억 5300만 원

'이석기 內亂(내란)음모 혐의 사건(이하 이석기 사건)'에 연루된 통합진보
당 인사들 중 상당수가 경기도 등 수도권 각 지방자치단체 산하 공공기
관장으로 재직하면서 예산지원을 받은 것으로 나타났다.

2010년 6·2지방선거 때 민주당과 통진당(당시 민노당)은 야권 단일화
를 성사시켜 민주당 후보들이 대거 자치단체장에 당선되었다. 이들은
단일화나 정책연합에 따른 代價(대가) 차원에서(혹은 배려 차원에서) 통진당
인사들을 각 기관의 요직에 배치했다.

민주당 후보가 당선된 지자체 중 일부는 통진당 인사들에게 무상급식
센터나 사회적 기업 등의 운영을 맡기고 그에 따른 예산을 지원해 주었
다. 이중에는 '이석기 사건'에 연루된 통진당 인사들도 다수 포함되어 있

통진당 인사가 운영한 수원시 산하 기관에 지급된 국고보조 내역

수원시종합자원봉사센터(상임이사 김현철 · 前 통진당 수원시장 후보)	
2012년	12억 4900만 원 / 시비 100%(12억 4900만 원)
2013년	13억 400만 원 / 시비 100%(13억 400만 원)
수원시사회적경제지원센터(센터장 이상호 · 경기진보연대 고문 · '이석기 사건'으로 구속)	
2012년	2억 3900만 원 / 도비 3500만 원, 시비 2억 400만 원
2013년	2억 6000만 원 / 도비 3500만 원, 시비 2억 2500만 원
수원시친환경급식지원센터(센터장 李 모 · 前 통진당 경기도당 부위원장)	
2012년	1억 5600만 원 / 시비 100%(1억 5600만 원)
2013년	1억 6400만 원 / 시비 100%(1억 6400만 원)
수원지역자활센터(現 고용복지센터, 이사장 윤경선 · 통진당 권선구 지구당 위원장)	
2012년	15억 1200여 만 원 / 국도비 13억 6100만 원, 시비 1억 5100만 원
2013년	17억 8800여 만 원 / 국도비 16억 1000여 만 원, 시비 1억 7800여 만 원
수원새날의료소비자생활협동조합(이사장 한동근 · 前 통진당 수원시 위원장 · '이석기 사건'으로 구속)	
2012년	4800만 원 / 국도비 4200만 원, 시비 600만 원
2013년	1억 1700만 원 / 국도비 1억 100만 원, 시비 1600만 원
시비 합산	**36억 5300만 원**
도비 합산	**7000만 원**
국도비 합산	**31억 1400만 원**

출처: 수원시가 2013년 9월8일 발표한 '이석기 사태 관련 수원시 입장' 中

었다.

대표적인 예가 경기도 수원시이다. 2013년 9월8일, 수원시는 '이석기 사건'에 市 산하 공공기관장들이 연루되자 이를 해명하는 취지의 '이석기 의원 사태 관련 수원시 입장(이하 발표문)'을 발표했다. 발표문에는 '이석기 사건'에 연루된 인사 등 통진당 인사들이 운영·관리를 맡은 산하

기관의 예산 지급내역(2012~2013년)이 구체적으로 나와 있다. 이들 기관에 지급된 市費(시비)는 총 36억 5300만 원에 달했다.

국정원에 포착된 '수원시사회적경제지원센터'

이중 수원시사회적경제지원센터는 '이석기 사건'으로 구속된 이상호 경기진보연대 고문이 센터장으로 있던 기관이다. 구체적인 예산 지원내역은 2012년도 2억 3900만 원(도비 3500만 원, 시비 2억 400만 원)이며, 2013년도 2억 6000만 원(도비 3500만 원, 시비 2억 2500만 원)이다.

국정원은 2012년부터 이 기관을 RO(Revolution Organization·이석기 내란음모 사건의 진원지로 꼽히는 지하혁명조직) 조직원들 활동의 구심점으로 보고 사무실 전화와 소속 여직원의 휴대전화, 이메일 등을 감청해 온 것으로 알려졌다.

수원시종합자원봉사센터 상임이사는 김현철 씨('이석기 사건'에 도의적 책임지고 상임이사직 사퇴)였다. 金 씨는 6·2지방선거 당시 민노당 후보로 출마해 염태영 現 수원시장과 후보 단일화에 성공, 시장 후보를 양보했었다. 그는 2010년 11월부터 이 기관의 사무처장, 상임이사로 재직해왔다. 이 기관은 수원시로부터 2년 간 25억 5300여 만 원의 예산지원을 받았다. 李 씨와 함께 구속된 한동근(前 통진당 수원시 위원장) 씨가 이사장으로 있던 수원새날의료소비자생활협동조합도 2년간 1억 6500만 원의 예산을 지원받았다.

RO의 실체를 국정원에 제보했던 李 모 씨 역시 2012년 2월부터 수원시친환경급식지원센터장을 지냈다. 그는 통진당 경기도당 부위원장과 수원시 위원장 출신이다. 수원시 발표문에 따르면 그는, 2012년 2월

22일 기간제 근로자로 채용되어 근무하던 중 2013년 8월28일 사직서를 제출, 同年 8월30일 계약해지 조치되었다고 한다. 이 기관에는 2년 간 약 3억 2000만 원의 예산이 투입됐다.

수원지역자활센터는 이상호 씨가 2011년 '실업극복수원센터' 명의로 신청해 인가받은 단체로 알려졌으며, 2012년 2월 '고용복지경기센터'로 명칭을 변경했다. 이 기관의 이사장은 윤경선 통진당 권선구 지구당 위원장이다. 이곳에 투입된 예산도 2년 간 33억 원에 이른다.

'수원지역자활센터'에서 자행된 불법행위들

수원지역자활센터의 경우, 2013년 4월 본연의 목적 외에 정치적 활동에 따른 민원이 제기돼 수원시가 보건복지부에 지역자활센터 지정 취소를 요청한 적도 있다. 2013년 9월9일字 인터넷 〈한국일보〉는 "수원지역자활센터 일부 직원들이 동료는 물론 자활근로·교육받는 사업대상자를 대상으로 정치활동을 강요하고 문서를 조작하는 등 각종 불법비리를 저지른 것으로 드러났다"고 보도했다.

2013년 3월, 수원지역자활센터의 일부 직원들은 비상대책위를 구성, 통진당 소속 직원들의 불법활동을 비난하는 호소문을 발표했다. 센터에서 일했던 통진당 출신 직원들이 공제조합 교육집행 회계서류를 일반 행사로 수정 집행하고, 기관 평가를 위한 허위 교육수료증 100개를 발급하는 등의 불법을 저질렀기 때문이다.

수원시는 이 같은 사실을 認知(인지)하고 같은 해 4월, 보건복지부에 수원지역자활센터의 지정취소를 요청했으나, 복지부는 개별기준에 의한 위반사항만 행정처분할 것을 통보할 뿐 지정취소는 하지 않았다. 복지부가 취한 조치는 1차 개선명령과 함께 ▲부당 지급한 200여 만 원 반환 ▲허위 수료증 발급 사실을 평가기관에 통보하는 데에 그쳤다.

수원시는 이석기 사건이 불거진 2013년 9월 초에도 재차 지정취소를 요구했다. 수원시는 발표문에서 "금번(注: 2013년) 9월4일에도 보건복지부를 재차 방문해 지정 취소를 촉구하는 등 지역자활센터가 정치적으로 이용돼서는 안 된다는 것을 강력히 지도점검 해 나가고 있다"고 밝혔다.

하지만 법 조항 미비 등을 이유로 지정취소를 하지 못했다. 복지부 관계자는 "사회복지법인 지정취소 사유에 정치 또는 정당활동과 관련된 조항이 없다"며 "최근 문제가 불거진 만큼 법적으로 지정취소 사유에 해당하는지에 대해 검토하고 있다"고 밝혔다(출처: 2013년 9월9일字 인터넷 〈한국일보〉 "진보당원 무대 '수원자활센터' 왜 지정취소 안됐나" 中).

수원시는 한동근 씨의 경우, 市가 채용한 것이 아니라고 밝혔다. 그가 이사장으로 재직했던 수원새날소비자의료생활협동조합은 2009년 3월 경기도로부터 지정받아 설립된 법인으로, 수원시와는 무관한 민간법인이라고 설명했다.

'이석기 인맥'으로 채워진 '나눔환경'

성남시도 통진당 인사들이 설립한 '나눔환경'을 성남시 청소 용역업체로 선정했다. 이재명 성남시장 역시 6·2지방선거 당시 김미희 민노당 후보(現 통진당 국회의원)와 정책연합을 맺고 당선되었다. 한용진 '나눔환경' 대표는 이석기 의원과 같은 한국외대를 졸업한 운동권 출신으로, 통진당의 핵심세력으로 알려진 경기동부연합의 상임의장을 역임했으며,

이석기 의원과 함께 민혁당 사건에 연루돼 구속된 적이 있다. 송호수 '나눔환경' 본부장은 이석기 의원이 설립한 선거컨설팅 업체인 CNP전략 그룹(現 CNC)의 이사 출신이다. 이 업체의 前 대표인 김영욱 씨도 李 의원의 보좌관 출신이다. 세 명 모두 이석기 의원과 직간접적인 관계가 있는 셈이다.

"보조금 빼돌려 黨費로 충당한 것 아니냐"

하남시도 환경운동을 主목적으로 설립된 '하남의 제21'에 운영비와 급여 명목으로 연 1억 7000만 원을 지원했다. '이석기 사건'에 연루돼 공안당국으로부터 압수수색을 받은 김근래(통진당 경기도당 부위원장) 씨가 이 단체의 회장이었다.

金 씨 역시 통진당 소속으로 하남시장 선거에 출마했다가 이교범 現 시장에게 후보직을 양보한 바 있다. 金 씨는 '문턱없는 밥집 다래㈜' 대표로 있으면서 2013년 하남시로부터 5000여 만 원의 예산을 지원받았다. 그는 '푸른교육공동체 평생학습교육', '희망연대', '평생교육원' 등 5개 단체 등을 운영하면서 하남시로부터 5억 원 상당의 보조금을 받은 것으로 나타났다.

2013년 9월3일字 인터넷 〈중앙일보〉는 上記(상기) 다섯 개 단체를 언급하며 "이들 단체는 불투명한 예산 집행으로 논란이 됐다"면서 "'하남의 제21'은 법인카드를 사용하고도 영수증을 분실했다며 증빙자료를 제출하지 않거나 과잉 집행한 경우가 많다"고 보도했다. 이 매체는 하남시 관계자의 말을 인용해 "회계정산을 할 때마다 시에서 시정권고를 하곤 했다"고 전했다. 그는 "이들이 이런 식으로 보조금을 빼돌려 黨費(당비)

등으로 충당한 것 아니냐"는 의심까지 했다.

박원순 시장이 이끄는 서울시 산하 공공기관에도 통진당 관계자들이 일부 포진해 있다. 朴 시장은 취임 후 서울 지역 25개 자치구청에 노동복지센터를 건립하겠다고 했었다. 2013년 9월 현재 성동구·서대문구·구로구·노원구에 노동복지센터가 운영되고 있다. 이중 성동구와 구로구 노동복지센터는 최창준 통진당 중앙위원과 최재희 통진당 구로乙 부위원장이 각각 대표로 있으며, 홍기웅 통진당 노원병 위원장은 노원구 노동복지센터 교육팀장을 맡고 있다(출처: 2013년 9월6일字 인터넷 〈동아일보〉 "통진당, 서울시 복지센터 등 공공기관 '바람처럼 꿰찼다'" 中).

12년간 민노당 – 통진당에 지급된 국가보조금만 총 369억

통합진보당은 매년 상당한 액수의 정당보조 및 선거보조 등 국가보조금을 받았다. 2002년부터 2013년 3/4분기까지 통진당과 前身(전신)인 민노당에 지급된 국가보조금의 액수는 총 369억 1700여 만 원에 이른다.

중앙선관위 자료에 따르면, 총선과 대선이 있던 2012년에는 선거보조금 명목으로 총 49억 원이 추가로 지급됐다. 19대 국회의원 선거보조금으로 21억 9605만 원, 18대 대통령 선거보조금으로 27억 3465만 원이 지급된 것이다. 2012년 한 해에만 통진당에 지급된 국고보조금의 액수는 총 74억 9400만 원에 달했다.

통진당이 해마다 수십억 원에 달하는 보조금을 챙길 수 있는 근거는 정치자금법에 있다. 이 법에 의하면, 원내교섭단체를 구성한 새누리당과 민주당에 보조금 총액의 50%을 균등 배분하고 5석 이상 20석 미만 의석을 보유한 통진당과 정의당 등에는 총액의 5%가 각각 지급된다. 정

민노당 - 통진당에 지급된 국고보조금 내역

단위: 원

2002년	2003년	2004년
937,506,840	535,718,200	2,217,213,670
2005년	**2006년**	**2007년**
2,036,462,050	3,929,235,160	4,073,453,330
2008년	**2009년**	**2010년**
5,706,938,350	1,871,755,610	4,054,412,830
2011년	**2012년**	**2013년**
2,007,167,420	7,494,003,680	2,053,818,660
총 국고보조액: 369억 1768만 5800원		

○ 2013년은 3/4분기까지의 내역임
○ 2002~2011년까지는 통진당의 前身인 '민주노동당'에 지급된 액수임
　(注: 통합진보당은 2012년 1월15일 민주노동당, 국민참여당, 신진보통합연대의 合黨으로 출범)

출처: 중앙선거관리위원회

당보조금은 분기별, 대선·총선 등 선거가 있는 해에는 의석수와 득표수 비율에 따라 선거보조금이 지급된다.

통진당 소속 국회의원들에게 지급되는 돈의 액수도 상당하다. 이들은 歲費(세비)를 포함한 활동비를 국회에서 개별 지급받는다. 19대 국회의원들은 매월 일반수당 646만 4000원을 포함해 입법활동비 313만 6000원 등 연간 최소 1억 3796만 원을 세비로 받는다. 국회의원은 1명당 보좌진 7명(별정직 공무원)과 인턴 2명을 둘 수 있다. 이들에게 들어가는 액수도 연 3억 9513만 원에 달한다. 사무실 운영비, 정책자료 발간·발송비, 유류비 등으로도 연간 5179만 원 씩을 지원받아 의원 1인당 받는 총액은 약 6억 원에 이른다. 2013년 9월 현재 통진당 의원 수는 6명이므로 총 36억 원이 지급되는 셈이다(2013년 9월3일字 인터넷 〈매일경제〉인용).

이정희의 '大選보조금 27억 먹튀' 논란

18대 대선을 사흘 앞둔 2012년 12월16일, 당시 이정희 통합진보당 대통령 후보가 후보직을 전격 사퇴했다.

李 씨의 후보 사퇴로 통진당에 지급된 27억 원의 선거보조금에 대한 논란이 일었다. 李 씨의 대선 출마로 통진당은 27억 원의 선거보조금을 확보한 상태였다. 이 돈은 후보가 대선에서 중도사퇴 하거나, 완주했으나 저조한 지지율을 기록하더라도 반납하지 않아도 되는 돈이다. 이 돈은 고스란히 통진당의 주머니 속으로 들어갔다.

2013년 2월15일字 〈조선닷컴〉은, 이정희 前 후보가 대선 때 지급받은 선거보조금 27억 원 중 2억 1000여 만 원을 이석기 의원이 운영했던 선거컨설팅 업체인 CNC(CNP전략그룹의 後身)에 지급했다고 보도했다. CNC는 통진당의 주요 선거 홍보를 도맡아 온 업체이다.

중앙선관위에 따르면, CNC는 이정희 前 후보의 공보물 디자인, 현수막·어깨띠 제작, 네이버 광고 등을 수주해 총 2억 1000만 원을 통진당으로부터 받았다고 한다. 李 前 후보는 CNC에 지급한 금액을 제외한 20여 억 원 중 대부분을 법정공보물과 식대, 유류비, 유급 사무원 수당 지급 등에 할애한 것으로 나타났다.

이석기 의원이 설립한 CNC는, 과거 민노당 시절부터 광고와 홍보를 독점하다시피 해 黨內 핵심 계파로 알려진 '경기동부연합'의 자금줄 역할을 했다는 의심을 받았다. 2012년 총선 직후, CNC는 선거비용을 부풀렸다는 혐의로 검찰 수사를 받았다. 그해 10월, 검찰은 CNC의 실소유주였던 李 의원을 불구속 기소(정치자금법 위반)했다.

검찰 수사에서 드러난 CNC의 '선거비용 부풀리기' 수법은 계약 체결방식에 따라 크게 두 가지였다. 2010년 전남·광주교육감 선거에서는 이른바 '선거대행계약' 체결방식으로 선거비용을 부풀렸다. 후보자의 전반적인 모든 선거 업무를 대행하는 이른바 '턴키' 방식 계약으로, CNC직원을 후보자 선거사무소에 상주시키면서 컨설팅을 지원하는 등 선거관련 업무 일체를 맡기는 것이다. CNC는 대신 유세차량 공급 등이 포함된 물품비용에 추가로 컨설팅 비용 등을 얹어 선거비용을 과다 책정했다.

CNC는 2010년과 2011년 기초의원 선거와 2010년 경기도지사 선거 때에는 '개별 공급계약'을 체결했다. CNC는 이 계약을 통해 회사이익을 포함한 실제 계약금액을 산정한 후 해당 금액을 부풀려 선관위에 신고하는 방식으로 비용을 보전 받는 수법이다. 이는 통진당 후보자와 물품공급계약 체결 시, 내부 '결산매뉴얼'을 토대로 공급가액에 CNC 수익 등을 추가한 '실제매출공급가'를 산정하고, 이와 별도로 실제 금액을 부풀린 '신고매출공급가'를 二重(이중)으로 작성하는 방식이다. 선관위에는 '신고매출공급가'에 따라 補塡(보전) 신청해 보전비용을 부풀려 받았다.

李 의원은 2012년 총선 출마 직전에 CNC 대표직에서 물러났다. 그 전까지 李 의원은 이 회사의 지분 99%을 보유한 대주주였다. 즉, CNC는 사실상 이석기의 '1인 회사'였던 셈이다.

血稅가 국가반역에 轉用될 가능성 막아야

통합진보당은 그간 대한민국 정당으로 볼 수 없는 행태를 보였다. 이들은 공식행사에서 '국기에 대한 경례'를 하지 않고, '애국가'를 부르지 않는다. 대신 '민중의례'를 거행하고, '임을 위한 행진곡'을 제창한다. 대한민국을 국가로 인정하지 않으면서, 정작 국고보조금과 보상금은 받아 챙기는 이중성을 보여주고 있다. 통합진보당 창당 직전인 2011년 12월21일 字 〈조선일보〉 사설은 통진당의 前身인 민노당을 다음과 같이 비판했다.

〈민노당은 2000년 정당을 결성해 총선·지방선거 등 각종 선거에 빠짐없이 참여해왔다. 그 후 민노당은 대한민국 國法(국법) 질서를 지키는 정당들에 부여한 헌법과 법률의 特典(특전)에 따라 2010년까지 263억 원의 국고보조금도 받았다. 그러면서도 민노당은 국가를 민중을 착취하는 기구로 보는 極左派(극좌파)의 국가관에 따라 애국가와 태극기를 거부해왔다… (중략) 선거에 나와 자기들에게 국정 참여와 집권 기회를 달라고 호소하는 정당이 나라의 상징인 태극기·애국가를 거부하는 것은 차원이 다른 문제다. 그것은 대한민국 국민으로서의 소속감을 내동댕이치는 행위다. 대한민국을 거부한다면 대한민국의 헌법과 법률이 부여한 특전도 거부하는 것이 마땅할 텐데 민노당은 완전히 거꾸로 행동하고 있다.〉

문제는 이들에게 흘러들어간 血稅가 국가반역에 轉用(전용)될 가능성이 높다는 점이다. 이런 악순환을 바로잡기 위해선 실정법을 엄중히 적용, 이들의 자금줄을 끊는 게 최선의 방법이라고 입을 모은다. 2012년 '不正(부정)경선 파동'과 2013년 '이석기 사건'을 통해 통진당의 親北·反국가성은 부인할 수 없는 사실로 드러났다. 더 이상 이들이 각 지자체 산하 기관장 자리를 꿰찬 뒤, 지원금을 타내고 과거의 反국가적 행위를 민주화운동으로 둔갑해 보상금을 챙기지 못하도록 관련법을 정비하는 등 汎(범)국가 차원의 대책을 마련해야 한다.

8

從北前歷 세탁기구:
민보상위의 나라 뒤집기

從北前歷 세탁기구:
민보상위의 나라 뒤집기

▲ 사법부 판결문에 나오는 反국가활동에 대해 "위 사실은 조작됐다"며 반증 없이
  간단히 번복
▲ RO 회합 참석자, 민주화유공자로 인정받아 보상금 챙겨

金成昱(한국자유연합 대표)

'민주화유공자' 413명 反국가단체 · 利敵단체 연루

　민주화운동관련자 명예 회복 및 보상심의위원회(이하 민보상위, 2000
년 8월 설립)는 2013년 9월9일 민주화유공자로 인정받은 사람들 가운데
'反국가단체 사건'에 연루됐던 사람이 131명이라고 밝혔다. 이들 대부
분은 김대중 · 노무현 정권 시절 명예 회복 및 보상을 신청해 승인 받
았다.

　공안당국에 따르면 민주화운동보상심의위원회를 통해 2012년까지
모두 9761명이 민주화운동 유공자로 인정받았다. 이 가운데 남조선민족
해방전선(남민전) 관련자가 47명, 남한사회주의노동자동맹(사노맹) 24명,
제헌의회그룹(CA그룹) 24명, 전국민주학생연맹(전민학련) 18명, 전국민주
노동자연맹(전민노련) 10명, 자주민주통일그룹(자민통) 9명이 포함된 것으

182

로 드러났다.

利敵(이적)단체 관련 활동을 하고도 '민주화유공자'가 된 사람은 282명이었다. 이들 단체는 모두 법원에서 정부를 전복시키거나 국가변란을 목적으로 하는 反국가단체 또는 敵(적)을 이롭게 하는 利敵단체 등으로 판정을 받았다.

〈동아일보〉 2013년 9월10일자 보도에 따르면 남민전 사건 관련자 가운데 25명은 보상금으로 10억 원을, 4개 利敵단체 및 利敵활동 관련자들은 6억 원 이상을 받은 것으로 나타났다. 특히 최근 重刑(중형)이 선고된 왕재산 사건, 일심회 사건 관련자 가운데 일부가 민주화유공자로 인정받아 정부로부터 각각 8600만 원, 1800만 원의 보상금을 받았다.

방화살인·간첩 前歷者까지 민주화운동가로 인정

從北(종북)세력 창궐의 직접적 원인 중 하나는 정부의 방관이다. 김대중·노무현 정권 10년간 구조화된 좌편향 메커니즘은 李明博(이명박) 정부 이후에도 크게 바뀌지 않았다. 대표적 사례가 국무총리 산하 민보상위의 행태다.

민보상위는 김대중·노무현 정권 당시 노골적인 친북·反국가행위자들을 民主化(민주화)운동가로 소위 명예 회복 및 補償(보상)해 물의를 빚어온 단체다. 이 기구는 2000년 8월 구성 이래 ▲反국가단체 ▲利敵단체 ▲김일성주의(소위 주체사상파) 조직원들 ▲공산주의·사회주의 운동가들 ▲간첩 전력자들까지 민주화운동가로 인정해 명예 회복·보상해 왔다.

〈표〉 민보상위의 민주화운동 관련자 결정유형

민주화운동 관련자 유형	관련 단체사건
반국가단체 사건	남조선민족해방전선(남민전), 남한사회주의노동자동맹(사노맹), 자주민주통일그룹(자민통), 전국민주학생연맹(전민학련)–전국민주노동자연맹(전민노련), 제헌의회(CA)그룹, 사회민주주의청년연맹(사민청) 등
이적단체 및 이적활동 사건	불꽃그룹 및 민족민주혁명학생투쟁연맹(민학투련), 민족통일민주쟁취민중해방 투쟁위원회(삼민투위), 반미자주화반파쇼민주화 학생투쟁위원회(자민투), 반제반파쇼 민족민주투쟁위원회(민민투), 서울노동운동연합(서노련), 구국학생연맹(구학련), 전국반외세반독재 애국학생투쟁연합(애학투련), 노동자해방동맹(노해동), 민족통일민주주의노동자동맹(삼민동맹), 반미청년회, 인천부천민주노동자회(인노회), 안양민주노동자일동그룹(안양PD그룹), 반제동맹당, 반제반파쇼 민중민주주의 혁명그룹(제파PD그룹), 혁명적노동자 계급투쟁동맹(혁노맹), 단기학생동맹(단기동맹), 문화전선, 청주대 임시혁명정부 수립쟁취 학생투쟁위원회(청대 임혁투), 자주대오, 북한영화 상영 및 반미애국학생회 활동 등
간첩 사건	통일혁명당(통혁당), 남한 조선노동당 중부지역당, 구국전위, 문인간첩단 등
군부대 내 反軍(반군) 사건	애국군인사건, 의병회사건, 군명예선언사건 등
반미시위 사건	광주–서울 미 문화원 점거, 미 대사관 점거농성, 주한 미 상공회의소 점거농성사건 등
방화살인, 점거, 농성, 폭력시위 사건	부산 동의대사건, 쌀수입개방 반대, 우루과이라운드(UR) 반대, 고추전량수매요구, 추곡전량수매요구, 노점상 생존권보장, 6·3외대사건(정원식 총리 테러), 구로구청 투표소 점거농성 등
전교조 관련자	전국교직원노동조합(전교조) 관련 해직교사

위장취업, 불법노동시위 등 노동운동 사건	세신실업, 풍원전자, 우경산업, 현대중공업, 대응기계공업 위장취업 및 파업시위 관련
	㈜기아기공 파업, 창원공장 노동쟁의 관련, 구로동맹파업 사건, 한국통신공사통신사업구조개편안농성관련, 동방기계산업㈜, 금호타이어, 라이프제화, 대우어페럴, 원풍모방, 동일방직, 청계피복노조, 풍산금속, 금성사 평택공장, 현대중공업, 서울대병원노조, 서울지하철노조 파업사건 등
사학 민주화운동	경희여상, 서울청화여상, 청구상고, 서울여상 등 사학민주화 · 교육민주화운동 관련 사건
정권반대 시위	박정희(한일회담, 유신반대, 3선개헌 반대 등) 전두환, 노태우, 김영삼 대통령 반대시위
민정당 점거농성, 반대시위	민주정의당(민정당) 연수원, 중앙당사, 서울-제주-대구지구당 점거농성사건 등
기 타	여수수산대 학내시위, 등록금투쟁 시위

(출처: 국가정상화추진위원회, '민보상위 진상규명자료집', 2009)

"위 사실은 조작됐다"

민보상위의 '議決書'(의결서)는 법원의 판결문을 요약한 뒤, "신청인이 민주화운동관련자 명예 회복 및 보상 등에 관한 법률(민보상법) 제2조 등의 규정에 의거 민주화운동을 이유로 유죄판결을 받은 것으로 각 인정함"이라는 형식으로 되어 있다. 대부분 판결문에 나오는 反국가활동에 대한 구체적 반박이 없으며, 있다 해도 "위 사실은 조작됐다"는 간단한 설명만 붙어있다. 한마디로 사법부 판결문에 나오는 사실 관계를 정부 산하 위원회가 반증 없이 번복한 셈이다.

공산주의 활동가들은 자유민주적 기본질서를 회복하기 위해 투쟁한 것이 아니라, 북한의 金日成(김일성)에게 충성하고 북한의 對南(대남)혁명 노선에 따라 親北反美(친북반미) 반역활동을 전개했을 뿐이다. 민보상위 역시 민주화운동으로 명예 회복 및 보상 조치한 공산주의 활동가들이 자유민주적 기본질서를 회복하기 위해 투쟁했다는 어떠한 증거도 제시하지 않았다.

공안사건의 진상규명에 있어 전문성을 결여한 민보상위의 이 같은 자의적, 임의적, 혁명적 행태는 ①민보상법의 민주화운동에 대한 법률상 定義(정의)를 무시한 不法(불법)행위일 뿐 아니라 ②사법부의 확정판결을 再審(재심)절차가 아닌 행정부 산하 위원회의 행정명령에 의해 뒤집는 것으로서 헌법의 三權分立(삼권분립) 원칙을 부정하는 反헌법적 행태이 며 ③대한민국의 자유민주적 기본질서를 부정하는 反헌법적·反국가적 행태이다. 또한 민보상위는 ④남북대치 상황에서 북한의 사주로 빈발해 온 각종 공산주의 활동을 국가적 명예 회복 및 보상대상으로 추모 및 추앙케 함으로써 대한민국의 역사적 정통성과 이념적 정체성을 뿌리부터 파괴하는 행위를 했다.

李明博 정부도 反국가활동자를 민주화운동가로 보상 결정

민보상위 홈페이지에 올라 있는 명예 회복·보상 사건요지(이하 사건요지) 에 따르면, 민보상위는 이명박 정권 이후 4년여 동안 여전히 친북·反국가 행위자들을 민주화운동 관련자로 명예 회복 및 보상해온 것으로 확인됐다.

이명박 정권이 민주화운동으로 인정한 사례들 중에는 김일성주의 조직인 구국학생연맹(구학련) 활동, 북한정권의 赤化(적화)노선을 추종해 온 이적단체 조국평화통일범민족연합(범민련)·한총련 활동 및 공산폭력혁명조직 남조선민족해방전선(남민전) 활동까지 포함됐다.

사건요지에 따르면, 민보상위는 ▲2011년 3월7일 박○○을 "남민전 관련 장기 구속으로 심장관련 질병"을 이유로 명예 회복·보상했고 ▲ 2011년 12월5일 김○○·전○○·김○○·김○·김○○·권○○·곽○○ 등을 "남민전 가입" 등을 이유로 명예 회복했다. 남민전은 대법원에 의해 "김일성에 충성서신을 바치도록 작성하고 베트콩식 武裝蜂起(무장봉기)를 기도하는 등 사회주의를 지향하는 반국가단체"로 판시됐던(80도 2570) 단체이다.

정부가 민주화운동가로 명예 회복·보상을 해 준 박○○는 2003년 자신이 쓴 책《자주와 평화, 개혁으로 일어서는 땅》에서 "남민전 전사들이 내놓은 정치노선은 NL도 아니요 PD도 아니요 그보다 먼저 한 몸이었던 NLPDR(민족해방민주주의혁명노선) 바로 그것이었다"고 적었다.

〈표〉이명박 정권 기간 민보상위가 민주화운동으로 명예 회복·보상한 주요 사례

결정회의 시기	사 례
제288차 (2009.11.9)	홍○○ "건국대 '애국학생투쟁연합' 결성식 참여 등"
제290차 (2009.11.23)	조○○ "애국청년결사대 구성, '광주학살 주범 미제 축출' 외치며 美 대사관 침입 등"
제294차 (2009.12.21)	이○○ "친미반민주연합 민자당 분쇄 및 美 문화원 철폐와 민중생존권쟁취를 위한 투쟁위원회 시위대열에 가담하여 '민자당 박살', '5월정신 계승' 외치며 시위 등" 김○○ "민자당 전당대회 결사저지를 위한 애국청년 학우 결의대회 개최 후 민자당 해체 요구 시위"

제302차 (2010.3.29)	정○○ "동국대 재학 중 노태우 정권 퇴진, 공안통치 분쇄, 국가보안법 철폐 등 각종 시위에 참여" 유○○ "한성대 재학 중 민민투 결성 및 '혁명의 불꽃' 제작 등 반국가단체 활동에 동조" 김○○ "민족해방민중민주주의혁명 이념 학습 등 전두환 정권반대 시위"
제304차 (2010.4.12)	윤○○ "(…) 서울 美 문화원 점거농성"
제307차 (2010.5.10)	황○○ "자주민주통일위한 학생투쟁연합건설준비위원회 활동"
제312차 (2010.6.14)	고○○ "대선자금 공개 한총련 출범식" 김○○ "서총련 대의원대회 봉쇄 항의시위"
제319차 (2010.9.6)	서○○ "남북학생회담 촉구 시위 및 나라사랑청년회 활동, 제6차 범민족대회 참가 등"
제325차 (2010.11.8)	이○○ "연세대 재학 중 군부독재 타도 시위, 나우정밀 재직 중 이적표현물 소지, 노조활동 등" 김영제 "범민련 관련 활동 등"
제329차 (2010.12.6)	한충목 "북한 정권 찬양 및 범민련 활동"
제331차 (2010.12.20)	정○○ "범민련 관련 활동" 김○○ "범민련 관련 활동" 신○○ "범민련 남측본부 준비위원회 활동 등" 박○○ "전국노동운동단체협의회 활동 관련, 범민련 포함" 권○○ "범민련 남측본부 준비위원회 구성"
제334차 (2011.1.31)	조○○ "성균관대 재학 중 민정당사 점거 농성, 반제반파쇼민족민주투쟁위원회 결성 및 전두환 정권 타도 시위 등"
제335차 (2011.2.14)	유○○ "서울대 재학 중 직선제 쟁취, 구학련 활동 및 구로구청 부정선거 규탄, 구로공단 갑일전자 위장취업 등"
제337차 (2011.3.7)	박○○(보상) "민청학련, 남민전 관련 장기 구속으로 심장관련 질병" 김○○ "전대협 출범식 참석 후 가두시위"
제339차 (2011.4.4)	이○○ "노태우 정권 반대 시위" 단○○ "서노협, 전노협, 전노대, 민노총 등 노동관련 민주화 운동 활동 등"

제341차 (2011.4.25)	노○○ "국가보안법 조직 사건"
제345차 (2011.6.13)	이○○ "흥사단 연세대학교 아카데미 가입 활동 중 국가보안법 위반"
제346차 (2011.6.20)	이○○ "노동운동을 위한 위장취업 및 이적표현물 소지"
제353차 (2011.10.24)	김○○ "북한활동 찬양 고무 유인물 취득 등"
제358차 (2011.12.5)	김○○ "美 문화원 점거 농성(1985년)" 전○○ "남민전 가입 및 일반조직원으로 활동 등" 김○○ "남민전 가입 및 일반조직원으로 활동 등" 김○○ "남민전 및 민투에 가입, 일반조직원 활동 등" 권○○ "남민전 및 민투에 가입, 일반조직원 활동 등" 곽○○ "남민전 및 민투에 가입, 일반조직원 활동 등" 김 ○ "남민전 및 민투 가입, 일반조직원 활동 등"

　사법부는 NLPDR에 대해 "1970년 11월 북한 조선노동당 제5차 대회에서 남조선 혁명전략으로 채택된 것으로, 1단계 美帝(미제)를 축출하고 파쇼정권을 타도한 뒤 북한과 연방제 통일을 해 사적소유 철폐와 본격적인 사회주의 혁명을 진행하는 것"(97노3100·97노3083)이라고 했다. 즉 민보상위는 북한의 '적화통일전략'인 NLPDR 활동을 민주화운동으로 명예 회복은 물론 보상까지 해준 셈이다.

　이명박 정권은 민보상위를 통해 "북한정권 찬양"도 민주화운동으로 인정해주었다. 민보상위는 ▲2011년 10월24일 김○○를 "북한활동 찬양 고무 유인물 취득 등"을 이유로 ▲같은 해 12월6일 당시 국가보안법 위반 혐의로 구속 중이던 한충목을 "북한정권 찬양 및 범민련 활동" 등을 이유로 명예 회복했다.

　한충목은 대표적인 從北단체 한국진보연대 공동대표를 맡았었다. 그

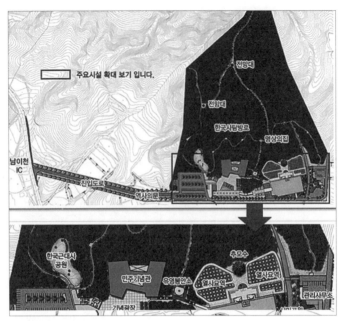

민보상위는 497억 원을 들여 2008~2013년 경기도 이천 소재 '민주공원' 조성 사업을 진행 중이다. 14만㎡의 부지에 '민주화인사'의 묘역, 遺影(유영)봉안소, 추모관 등이 들어서게 된다(민보상위 홈페이지).

는 2004~2007년 중국 瀋陽(심양) 등지에서 북한 통일전선부 소속 공작원들을 만나 "맥아더 동상 철거 투쟁을 진행하라", "주한미군 철수 투쟁을 가열차게 진행하라"는 등의 지령을 받아 활동해 온 혐의로 당시 구속됐었다. 韓 씨는 2012년 1월21일 증거불충분으로 풀려났으나 재판부는 "피고인의 행위와 주장은 북한정권의 주장과 궤를 같이해 동조하는 것이라고 판단한다"며 韓 씨에게 징역 1년6월, 집행유예 3년을 선고했다.

이명박 정권은 민보상위를 통해 범민련·한총련 등 각종 이적단체 활동들도 민주화운동으로 인정했다. 민보상위는 ▲2010년 11월8일 김○○를 ▲같은 해 12월6일 한충목을 ▲같은 해 12월20일 정○○·김○

○·신○○·박○○·권○○을 "범민련 관련 활동" 및 "범민련 남측본부 준비위원회 활동" 등을 이유로 명예 회복했다. 2010년 6월14일에는 한총련과 한총련 서울 조직인 서총련 활동으로 유죄판결을 받은 고○○·김○○를 명예 회복했다.

범민련·한총련은 북한정권의 전위대 역할을 해 온 단체다. 법원 판결에 따르면, "한총련은 북한의 주체사상을 한총련 지도사상으로 설정하고, 자유민주주의 체제를 부정하며… (중략) 궁극적으로 북한 공산집단의 주장과 같은 자주·민주·통일투쟁을 달성하자고 선전선동"(2004도3212판결)해왔다. 대법원은 2003도604판결에서 제10기 한총련의 利敵性(이적성) 근거로 "한총련 소속 학생들이 북한의 김정일 찬양구호인 '수령 결사옹위'에서 인용한 '결사옹위'라는 문구를 가로 114cm, 세로 89cm의 흰 천에 혈서를 써 한총련 의장에게 선물한 뒤, 한총련 의장이 이를 소지하고 다니는 등 북한을 추종해 온 점" 등을 예로 제시했다.

이명박 정권은 민보상위를 통해 주체사상파, 즉 김일성주의 학생조직 전력자들도 명예 회복·보상해왔다. 민보상위는 2011년 2월14일 유○○을 "구학련 활동 및 구로구청 부정선거 규탄, 구로공단 갑일전자 위장취업 등" 이유로 명예 회복했다. 구학련은 법원에 의해 "민족해방(NL)계열 주체사상파 학생운동권 지하조직"(99노122)으로 판시돼 온 잘 알려진 김일성주의 조직이었다.

국가정상화추진위원회 발표에 따르면, 민보상위는 2002~2009년 전반기까지 보상금으로 376억 원, 생활지원금 581억 원을 지급, 민주화운동으로 인정받은 대상자들에게 957억 원에 달하는 보상을 해줬던 것으로 알려졌다. 2012년 이후 이 액수는 1000억 원 이상이 됐을 것으로 추정된다.

"수배 중 서울발 부산행 열차 부근에서 사망한 경우"도 보상

김대중·노무현 정권 당시 민보상위 역시 갖가지 친북·反국가행위를 명예 회복·보상했다. 예컨대 민주적 선거를 통해 집권한 노태우 정권은 물론 김영삼 정권에 대한 항거(?)를 하다 죽거나 다친 경우까지 억대의 보상을 해줬다.

〈표〉 김대중·노무현 정권 기간 민보상위가 지급한 '민주화보상지원단 보상금' 일부 사례

사 례	지급액
공안통치 종식·노태우 정권 퇴진 요구 투신 이○○	1억 1900만여 원
반미자주, 조국통일, 군자주화 투신자살 양○○	1억 4684만여 원
대구공전 재학 중 김영삼 정권의 학원탄압에 항거해 분신 박○○	1억 3436만여 원
1989년 6월 전교조 활동 중 89년 8월 해직, 교육민주화운동 김영삼 정부 권위주의 항거 1993년 9월26일 강원도 춘천시 석삼동 아파트에서 투신 길○○	2억 6899만여 원
김영삼 권위주의 항거 중 경찰과 대치 중 갑자기 쓰러져 사망 류○○	1억 870여만 원
광주대 재학 중 김영삼 권위주의 항거와 관련, 도피 중 1997년 9월16일 13층 아파트에서 추락사 김○○	2억 7257만여 원
노태우 정권 퇴진, 광주학살원흉 처단 투신 후유증 비관 자살 김○○	1억 3700만여 원
부산대 재학, 방위복무 중 민주화운동 관련 자료 분실로 1988년 3월27일 자살	9285만여 원
서울대 재학 중 군 입대, 1987년 2월20일 내무반에서 목 맨 채 변사체로 발견 김○○	7176만여 원
연세대 재학 중 전두환 정권에 항거 강제 징집, 군 복무 중 보안대 조사 후 1987년 7월23일 초소경계 근무 중 총기로 자살 정○○	1억 4787만여 원
성균관대 재학 중 강제 징집, 전두환 정권에 항거, 1983년 5월4일 군 테니스장에서 목을 매어 숨진 채 발견 이○○	1억 5100만여 원

군부독재 퇴진, 美 제국주의 축출 등 요구하며 분신 진○○	1억 5988만여 원
서원대 학생활동, 1987년 6월~1989년 7월경까지 통일대장 등 기타 학생활동 중 1990년 9월14일 서울대병원에서 전립선 癌(암)으로 사망한 김○○	1억 712만여 원
서울대 물리과 재적 후 노동운동과 노태우 정권에 항거, 영전기계 위장취업 1989년 5월24일 공작물에 의거한 후두골절상으로 사망 조○○	1억 1136만여 원
서울대 재학 중 학내 서클 민족문화연구회 활동하면서, 全斗煥 권위주의 정권에 항거 관련 수배 중, 1985년 10월11일 서울발 부산행 열차 황간 부근에서 사망 우○○	1억 1999만여 원
군입대 후 '민족을 향해 총을 겨누는 것'에 고민하다 1991년 8월 휴가 중 대구대 옥상에서 투신한 대구대 학생 손○○	1억 9054만여 원
마산 우성택시 재직 중, 임금협약 관련 1988년 1월8일 회사에서 분신사망 이○○	8175만여 원
후지카 대원전기 입사, 노동운동 중 1988년 3월7일 음독으로 사망 오○○	8428만여 원
부당노동행위 중지, 노조탄압 중지 요구하며 분신한 박○○	1억 1863만여 원

(출처: 국가정상화추진위원회, '민보상위 진상규명자료집', 2009)

민보상위는 "반미자주, 조국통일, 軍자주화를 위해 투신자살한 경우"는 물론 "김영삼 정권에 대한 소위 항거 중 갑자기 쓰러져 사망한 경우"나 "도피 중 아파트에서 추락사한 경우" 등 도저히 민주화로 볼 수 없는 경우까지 보상해줬다. 또 "위장취업 중 공작물에 의거한 후두골절상으로 사망한 경우"나 "수배 중 서울발 부산행 열차 부근에서 사망한 경우", "학생활동 중 전립선 癌(암)으로 사망한 경우"까지 보상 대상에 포함시켰다. 校內(교내)의 이승만 前 대통령 동상을 철거하다 왼쪽발 뼈가 부러진 윤○○는 2000만 원을 보상받았다.

노무현 정권 당시 민보상위는 2006년 12월4일 간첩 전력자 黃○○의 김일성주의 조직 구학련 활동 관련, 민주화운동 관련자로 명예 회복하기도 했다. 黃○○는 구학련 활동 이후 1992년 '남한 조선노동당 중부지역당 사건'에 다시 연루, 국가보안법 상 간첩 등 혐의로 징역 13년을 선고받은 인물이다. 민보상위는 黃 모 씨의 남한 조선로동당 사건 연루 사실을 알고 있음에도 이를 심사에서 고려하지 않았던 것으로 알려졌다.

민보상위는 5·3 부산동의대 사태 관련자 52명도 민주화운동 관련자로 명예 회복했었다. 5·3 부산동의대 사태는 1989년 5월3일 부산 동의대 좌익 학생들이 도서관을 점거하던 중 진압에 나선 경찰관들을 납치·감금·폭행하다가, 이 중 7명의 경찰관이 좌익 학생들이 지른 불에 타 숨진 사건을 말한다.

RO 회합 참석자, 민주화유공자로 인정받아

통진당 소속으로 RO 회합 때 참석했던 인사 중 일부도 민보상위로부터 정부지원금을 받았다.

민보상위는 RO 모임에 참석했던 것으로 알려진 홍순석 前 통진당 경기도당 부위원장(이석기 사건으로 구속), 김홍열 통진당 경기도당 위원장, 김미희 통진당 의원, 윤용배 前 민노총 사무처장 등에게 정부지원금을 지급했다.

2013년 9월7일字 〈조선닷컴〉에 따르면, 홍순석 씨는 1986년 경희대 휴학 중에 군사독재를 반대하는 유인물을 배포한 혐의로 기소돼 징역 8개월, 집행유예 1년을 선고받았다고 한다. 홍 씨는 2000년 명예회복을 신청했고, 2001년 12월 민보상위로부터 민주화 운동자로 인정받았다. 2006년 그는 지원금을 신청해 약 300여 만 원을 받았다. 이는 30일 이상

구금 시 구금 일수에 최저생계비를 곱한 금액에 해당한다.

김홍열 씨는 1987년 선거 유세 방해 혐의 등으로 징역 10개월, 집행유예 3년을 선고받았다. 金 씨 역시 이 같은 점이 민주화有功(유공)으로 인정돼 2008년 2000여 만 원을 받았다. 그는 2013년 5월12일 서울 합정동 소재 마리스타 교육修士會(수사회)에서 열린 RO 모임 회합 당시 사회자를 맡았다.

김미희 의원도 1986년 건국대 농성사태로 징역 1년 6월에 집행유예 3년을 선고받았으나 정부지원금 300여 만 원을 받았다. 金 의원 역시 이석기 의원과 더불어 RO의 총책이라는 의심을 받았으나 본인은 이를 강력히 부인하고 있다.

통진당 당원인 윤용배 씨도 1989년 경찰이 던진 돌에 들고 있던 화염병이 폭발해 火傷(화상)을 입었다는 이유로 2002년 명예회복과 함께 보상금 5300여 만 원을 지급받았다.

〈표〉 민보상위의 생활지원금 지급 주요 사례

사건요지	지원액
불꽃그룹 사건(국보법 · 반공법)	3498만 원(생활지원)
북한바로알기관련서적 발간(국보법)	3032만 원
노동운동(위장취업)	2074만 원
문인간첩단사건(국보법 · 반공법)	629만 원
노태우 정권 반대시위 및 관련서적 소지(국보법)	5000만 원
노동운동지원(국보법)	5073만 원
전교조 결성시위	2801만 원
삼민투 사건(국보법)	3725만 원
민정당 연수원 점거농성	2264만 원
서울대 민추위 사건(국보법)	3611만 원

美 대사관 점거농성	2767만 원
부산 동의대 사건	5000만 원
동보전기 노조원 농성사건	412만 원
대우어패럴 파업	4561만 원
원풍모방 노조활동	5000만 원
구로동맹파업 참가	4561만 원
북한관련 유인물 제작	2881만 원
사민청(국보법)	923만 원(생활지원)
문인간첩단(국보법 · 반공법)	112만 원
청구여상 교육민주화운동	4312만 원
구학련 사건(국보법)	726만 원
오송회 사건(국보법)	4868만 원
남한프롤레타리아계급동맹(국보법)	4809만 원
구로연대파업	3993만 원
반제동맹(국보법)	2725만 원
불온유인물 제작반포(국보법)	3172만 원
제헌의회그룹(국보법)	4033만 원
제파PD그룹(국보법)	2358만 원
남민전 사건(국보법)	5000만 원
연세대 민민투(국보법)	2539만 원
민자당 중앙당사 점거농성	3724만 원
의병회 사건(국보법)	2422만 원
자주민주통일그룹(국보법)	5000만 원
애국군인 제작(국보법)	2503만 원
광주지검 순청지청 화염병 투척	3969만 원
청주대 자주대오(국보법)	3858만 원
안양민주노동자일동(국보법)	4168만 원
서울대 민민투(국보법)	2506만 원
부림 사건(국보법)	3725만 원

(출처: 국가정상화추진위원회, '민보상위 진상규명자료집', 2009)

9

헌법파괴를 방치한
대통령과 대법원장

헌법파괴를 방치한
대통령과 대법원장

역사는 물을 것이다.
대통령과 대법원장은 대한민국 헌법과 국가정체성을 수호하였는가, 파괴하였는가?

趙甲濟(조갑제닷컴 대표)

우리 憲法의 최정점

대한민국 헌법 제10조: 모든 국민은 인간으로서의 존엄과 가치를 가
지며, 행복을 추구할 권리를 가진다. 국가는 개인이 가지는 불가침
의 기본적 인권을 확인하고 이를 보장할 의무를 진다.

헌법학자 許營(허영) 씨는 《한국헌법론》(박영사)에서 이 조항을 "우리
헌법이 추구하는 통합질서 내에서 피라미드의 최정점을 차지하는 목적
에 해당한다면 나머지 기본권들은 이 목적을 실현하기 위한 수단에 해
당한다고 말할 수 있다"고 정리하고 이렇게 덧붙였다.

〈(헌법 제10조는) 우리나라 기본질서의 이념적 정신적인 출발점인 동

시에 모든 기본권의 가치적인 핵심으로서의 성격을 갖기 때문에 우리나라 헌법질서의 바탕이며 우리 헌법질서에서 절대적이고 양보할 수 없는 최고의 가치적인 Konsens(注: 합의)를 뜻하게 된다. 그것은 인간의 존엄성을 부인하는 헌법 개정은 물론, 인간의 존엄성과 인격적 가치를 침해하는 기본권 제한은 절대로 합헌적인 국가작용으로 받아들여질 수 없다는 것을 의미한다.〉

제10조는 불가침의 기본적 인권을 누릴 주체를 '개인'이라고 규정하였다. 국가는 특정 집단이나 계급이 아니라 국민 개인의 존엄과 가치 및 행복추구권을 보장할 의무를 진다.

인간으로서의 존엄과 가치 및 행복을 보장할 수 있는 국가는 어떤 체제여야 하는가? 대한민국 헌법 제1, 3, 4조가 국가 정체성을 정확하게 규정하였다. 제1조 1항은 "대한민국은 민주공화국이다"고 선언하고, 2항은 "주권은 국민에게 있고, 모든 권력은 국민으로부터 나온다"고 했다.

6·15선언은 憲法 4조 위반

違憲(위헌)정당 시비에 말렸던 민주노동당(이하 민노당 · 통합진보당의 前身) 강령은, 민중민주주의를 지도이념으로 표방했다. 민중민주주의는 인민민주주의 등과 마찬가지로 프롤레타리아 독재(공산주의)의 변종으로서. 국민 중 일부인 '민중'계급(노동자, 농민, 빈민)만의 주권을 주장함으로써, "모든 권력은 국민에게서 나온다"는, 대한민국 헌법상의 국민주권주의와 자유민주주의를 부정하는 개념이고, 이미 대법원 판례에 의하여 여러 번 利敵(이적)이념으로 판시되었다.

헌법 제3조는 "대한민국의 영토는 한반도와 그 부속도서로 한다"고 선언하였다. 헌법 제1조 1항과 결부시키면 대한민국의 영토인 북한지역까지 '主權在民(주권재민)의 민주공화국'으로 만들어야 할 의무를 진다. 즉, 통일의 의무인 것이다. 이 의무의 실천 방향에 대하여 헌법 제4조는 이렇게 규정하였다.

　　"대한민국은 통일을 지향하며, 자유민주적 기본질서에 입각한 평화

　　적 통일정책을 수립하고 이를 추진한다."

통일의 기본 가치와 전략을 분명히 한 조항이다. 헌법이 '자유민주적 기본질서'라고 밝힘으로써 대한민국의 민주주의는, '민중민주주의'나 '인민민주주의'와 같이 민주주의로 위장한 공산주의가 아니고, 개인의 존엄과 가치 및 행복추구권을 불가침의 기본권으로 규정한 '자유민주주의'임을 확실히 한 것이다.

헌법 제4조는 '평화적 방법에 의한 자유통일'을 명령한 것이다. 북한지역까지 대한민국의 자유민주주의 체제로 흡수하여 한반도 전체를 '민주공화국'으로 만드는 게 헌법의 명령이고, 통일정책의 내용이어야 하는 것이다.

제1, 3, 4,조를 한반도의 현실에 대입하면 이렇게 요약된다.

　　"북한노동당 정권을 평화적으로 해체, 자유통일함으로써 민주공화

　　국을 완성하라."

그렇다면 2000년 6월 김대중—김정일 회담에서 합의된 6·15선언의 제2항은 헌법을 위반한 게 아닌가 하는 문제가 제기된다.

"南과 北은 나라의 통일을 위한 남측의 연합제 안과 북측의 낮은 단
계의 연방제 안이 서로 공통성이 있다고 인정하고 앞으로 이 방향
에서 통일을 지향시켜 나가기로 하였다."

북측의 낮은 단계 연방제의 목표는, 북한 노동당 규약이 정한 대로 한
반도 전체의 공산화이다. 대한민국 헌법은 '자유민주적 기본질서에 입
각한 통일'만 인정하므로 공산통일이나 容共(용공)통일을 허용할 수 없
다. 남측 연합제는 자유민주 체제로의 통일을 지향한다. 연방제의 실속
은 공산통일이지만 겉으론 兩制(양제)통일이다. 즉, 북한은 사회주의, 남
한은 자유민주주의 체제를 그대로 두고 그 위에 '고려연방공화국'이란
지붕을 씌워 통일된 것으로 하자는 속임수이다. 양제통일도 우리 헌법
상 허용되지 않는다. 북의 공산통일안과 한국의 자유통일안 사이에 공
통점이 있을 리 없다. 180도 다른 통일방안을 공통성이 있다고 거짓말
하고, 대한민국 헌법이 제거, 또는 흡수 대상으로 규정한 북한공산집단
을 통일의 동반자로 삼은 6·15선언은, 헌법의 가장 중요한 정체성 및
통일 규정을 위반한 것이므로 폐기되어야 한다.

멀어버린 '憲法의 눈'

이명박 대통령은 취임 직후 6·15선언의 違憲性(위헌성)을 설명하고
이의 폐기 선언을 했어야 했다. 대한민국 헌법 제66조 2항은 "대통령은
국가의 독립·영토의 보전·국가의 계속성과 헌법을 수호할 책무를 진
다"고 명시하고, 헌법 제69조는 "대통령은 취임에 즈음하여 다음의 선
서를 한다. '나는 헌법을 준수하고 국가를 보위하며 조국의 평화적 통일

과 국민의 자유와 복리의 증진 및 민족문화의 창달에 노력하여 대통령으로서의 직책을 성실히 수행할 것을 국민 앞에 엄숙히 선서합니다"라고 했다.

6·15선언의 '연방제·연합제 혼합형 통일'은 대한민국만이 한반도의 유일한 合法국가라는 '개정 불가능한 국가 정체성'의 핵심을 허무는 것으로서 국가의 독립·영토의 보전·국가의 계속성과 헌법 수호를 불가능하게 만든다. 국가 분열의 위기를 맞아 대통령이 된 링컨은 취임연설에서 헌법의 힘을 빌려 자신의 입장을 정당화하였다.

〈국가라고 할 수 있는 어떤 조직도 자신의 소멸을 위한 조항을 기본법 안에 규정한 적이 없다. 다수가 헌법상에 보장된 소수의 권리를 빼앗는다면 이는 혁명을 정당화한다. 헌법상의 견제에 따라 자제할 줄 아는 다수야말로 진정한 주권이다. 다수결 원칙을 거부하는 사람은 필연코 무정부주의나 暴政(폭정)으로 나갈 수밖에 없다. 민주사회에서 만장일치란 불가능하다. 정부가 유지된다는 것은 한쪽이 다른 쪽에 순응하는 것을 말한다. 소수가 순응하지 않으면 다수가 순응해야 한다. 한 개 주에서 일어나는 행동이라고 해도 미합중국의 권위에 도전하는 武力행동은 반역 내지 혁명이다.〉

변호사인 링컨은 남부의 州(주)들이 분리해 나가려는 행동은 反헌법적이고 反민주적이며 反국가적이기 때문에 '反亂(반란)'이라고 규정하였다. 헌법 개정을 통해서도 용인할 수 없는 행위라고 했다. 국가를 스스로 消滅(소멸)시키는 것을 허용하는 헌법은 있을 수 없다는 논리였다. 대한민국이 헌법 개정을 통하여 일본의 식민지가 되겠다고 결의한다든지, 연방제 통일로 북한정권에 예속되겠다는 결의를 할 수 없다는 이야기이다.

링컨은 "대통령으로서 나는 헌법의 눈밖에 가질 수 없다"고도 하였다. 이명박 대통령은 反헌법 집단인 북한노동당 정권 및 從北세력과 싸워 국가를 보위해야 하는 자리에 오르고도 헌법을 무기화한 적이 없다. 이명박 대통령은 '헌법의 눈'이 멀어버렸다.

국민행동본부, 민노당 해산 청원 운동 시작

이명박 대통령은 대한민국 헌법에 담긴 국가 정체성을 부정하는 민주노동당에 대한 護憲的(호헌적) 조치도 취하지 않았다. 국민행동본부는 2011년 8월 말 민노당을 위헌정당으로 규정, 정부가 헌법재판소에 해산을 提訴(제소)하여 줄 것을 요청하는 청원서를 법무부에 접수시켰다. 이 단체는 성명서에서 이렇게 주장하였다.

〈민노당이 표방하는 통일정책은 북한의 고려연방제 적화 통일방안과 같은 것으로서, 대한민국 헌법이 명령하는 자유민주통일 원칙을 위반하였다. 민주노동당은 新舊(신구) 강령을 통하여 사회주의 지향, 북한식 연방제 통일, 민중민주주의, 주한미군 철수와 한미동맹 해체, 자본주의 반대 등을 주장 하고 그 목적을 위하여 불법과 난동을 자행, 헌법 제8조의 '민주적 기본질서에 위배되는 정당'에 해당하므로 해산되어야 한다.

민노당 당직자들이 간첩 등 공안사건에 연루된 경우가 여러 번 있었으나, 당은 소속 당원들의 범행과 관련하여 대국민 또는 대정부 사과를 한 적이 없고, 또한 해당 당원에 대하여 출당 등 조치를 취한 적이 없으며 간첩을 침투시켜 민노당을 장악하려 한 북한정권에 항의한 적이 없다. 정상적인 법치국가에서라면 벌써 해산되었어야 할 정당이다. 정부는 민주노동당이 창당된 지 10여 년이 지나도록 정당해산 심판청구를 하지 않고 있으므로 청원인(단체)이 본건 청원을 하기에 이르렀다. 정부, 그리고 정부의 법률상 대표자인 법무부 장관은 신속히 국무회의의 심의를 거쳐 헌법 재판소에 정당해산심판청구를 해줄 것을 청원한다.〉

위헌정당에 대한 해산 청구는 정부만 할 수 있다. 국무회의 의결을 거쳐 헌법재판소에 제소해야 한다. 한국의 대표적인 헌법학자인 김철수 서울대 명예교수는, 2011년 여름 〈문화일보〉에 기고한 '대한민국 건국의 정통성과 反헌법 세력'이란 칼럼에서 "민주적 기본질서를 침해하는 공직자들은 공직에서 추방돼야 하고, 북한 추종적인 정당 간부를 가진 정당은 강제 해산해야 한다. 南派(남파)간첩뿐만 아니라 자생적인 종북 행위자도 이적행위로 처벌해야 한다"고 강조하였다.

그는 "대한민국은 자유민주주의를 이념으로 하고 있어 개인의 자유는 보장돼야 하나 국가 안전보장과 '국민복리'를 위해 제한되고 있다. 특히 공무원·교사들은 '국리민복'을 위해 국가의 정통성을 수호하고 헌법을 보장해야 한다"고 전제한 뒤 이렇게 썼다.

〈일부 종북주의자들은 사상과 양심의 자유를 주장하지만 그것은 내심에 한정된 것이고 외부적 행동을 유발하는 경우 양심수로 격리 수용될 수밖에 없다. 공산주의는 이제 몰락했으며 북한과 같은 일당독재, 일인독재, 3代 세습, 인권유린 사회는 국가로서의 정체성이 없다. 종북세력들은 북한에 가서 사상과 양심과 종교의 자유가 보장되도록 투쟁해야 할 것이다. 또 북한 동포의 인권과 생활권을 신장토록 북한 정권에 대해 비판해야만 대한민국 국민으로서의 이익을 누릴 권리를 가질 수 있을 것이다.〉

4·3사건 정신을 계승하겠다는 민노당

2011년 6월에 개정된 민노당 강령은 '사회주의 지향'등 몇 가지 표현을 삭제하였으나 여전히 反헌법적·反국가적 내용이 핵심이다. 몇 대목을 따져 보았다.

첫째, "민주노동당은 갑오농민전쟁과 3·1민족해방운동, 4·3민중항쟁, 4·19혁명, 5·18민중항쟁, 6월민주항쟁과 7~9월 노동자 대투쟁, 촛불항쟁 등 도도히 이어져온 민중투쟁을 계승하는 정치세력이다." — 제주 4·3사건은 대한민국 건국을 방해하기 위하여 공산세력이 개입한 무장暴動(폭동)이고 진압과정에서 무고한 민간인의 희생이 있었다. 민노당은 이를 민중항쟁으로 美化(미화)한 다음 그런 민중투쟁을 계승하겠다고 한다.

둘째, "진보적 민주주의가 이 땅에 구현되지 않는 한 민중의 삶은 억압과 수탈에서 벗어날 수 없다. 이에 민주노동당은 자주적 민주정부를 수립해 자본주의 폐해를 극복하고 민중이 참 주인이 되는 진보적 민주주의 체제를 건설할 것이다. 민주노동당은 민중주권을 실현하며 자주와 평등, 인간해방, 자연과 인간이 생태적으로 공존하는 새 세상을 향해 전진할 것이다." — 우리 헌법은 국민을 주권자로 규정하였는데, 민노당은 계급투쟁 사상에 근거하여 민중만이 주권을 가져야 한다고 주장했다. 대한민국 헌법의 가장 중요한 조항을 정면으로 위반하였다. 민노당이 말하는 민중은 노동자, 농민, 빈민, 그리고 좌익(공산주의자) 등이다. '진보적 민주주의'란 북한에서 '인민민주주의'를 美化할 때 사용한다.

셋째, "우리는 反민주 제도와 각종 악법을 철폐하고 폭압기구를 해체하며 국가와 사회의 근복개혁을 추구한다. 우리는 민중이 중요정책을 발의하고 결정하며 공직자를 소환하도록 하는 등 직접 민주주의를 강화한다." — 폭압기구는 국정원, 惡法(악법)은 국보법을 가리키는 것으로 보인다. '민중'이 중요정책을 發議(발의), 결정하는 '직접 민주주의'란 공산당式 프롤레타리아 독재와 크게 다름이 없다.

넷째, "우리는 자본주의 폐해를 극복하는 자주적인 경제발전과 함께 민중의 주체적 참여가 보장되는 민주적 경제체제를 건설한다. 기간산업의 국유화 등 생산수단의 소유구조를 다원화하고, 민중의 생존권을 우선하는 경제운영을 통해 민생경제를 확립한다." — 경제체제도 '민중 주체적 참여'로 운영되어야 한다니, 이는 좌익(공산주의자=사회주의자)이 중심을 이룬 이른바 민중계급이 경제부문까지 장악, 독재하겠다는 이야기이다.

다섯째, "우리는 전쟁이나 흡수통일의 방식이 아닌 화해와 단합으로 공존·공영할 수 있는 연방제 방식의 통일을 지향한다." — 연방제란 공산통일로 가는 길이다.

여섯째, "우리는 기존에 맺은 모든 불평등한 조약과 협정을 폐기한다. 우리는 남북 군축과 한반도 평화체제 실현을 통해 한미 군사동맹을 해체하고 주한미군을 철수시킨다." - 韓美동맹 해체와 주한미군 철수는 북한군의 南侵(남침)을 부른다. 武力(무력)적화통일의 초대장을 발부하겠다는 뜻이다.

일곱째, "우리는 성에 따른 차별·억압·폭력의 원인인 家父長(가부장) 제도와 그 가치 체계를 철폐하고 진정한 性평등 세상을 만들어 나간다." — 국가와 역사와 전통에서 유래한 가부장 제도와 그 가치관을 말살하겠다는 건 개인과 가족의 사생활을 억압, 통제하는 전체주의 체제를 세우겠다는 뜻이다. 대한민국 헌법의 최고 가치인, 제10조의 "모든 국민은 인간으로서의 존엄과 가치를 가지며 행복을 추구할 권리를 가진다. 국가는 개인이 가지는 불가침의 기본적 인권을 확인하고 이를 보장할 의무를 진다"라는 조항에 정면 도전한 강령이다. 가부장 제도와 가치관을 유지하는 것은 '개인이 가지는 불가침의 기본적 인권'에 속한다.

끝으로 **"우리는 전 세계의 노동계급, 억압당하는 민족과 연대하며 정의와 평등, 평화가 넘치는 인류공동체를 향해 나아갈 것이다."** – 민노당이 反헌법적 좌익 계급 정당임을 고백한 것이다.

國軍, 한국사 교과서의 좌편향 수정 요구

金寬鎭(김관진) 장관이 이끄는 국방부는 2011년 8월 말 고교 한국사 교과서의 反국가적-反헌법적-反軍的(반군적) 왜곡과 편향성을 지적, 이의 시정을 교과부에 요구하였다. 이는 국군이 국가정체성 수호에 나선 역사적 사건이다. 이는 국군에 부여된 헌법적 의무를 수행한 것이다.

대한민국 헌법 제5조 2항은 "국군은 국가의 안전보장과 국토방위의 신성한 의무를 수행함을 사명으로 하며, 그 정치적 중립성은 준수된다"고 되어 있다. '국가의 안전보장'은 外敵(외적)으로부터 영토를 방위하는 임무를 포함한 보다 넓고 깊은 개념이다. 국가의 안전을 위협하는 세력엔 북한정권과 같은 外敵뿐 아니라 북한정권의 조종을 받는 간첩, 從北세력 등 內敵(내적)도 포함된다. 국군은 헌법이 명령한 '국가의 안전보장'이란 '신성한 의무'를 다하기 위하여 '내부의 敵'에 대처해야 할 의무가 있다. 민주화의 열풍 속에서 개정된 헌법이, 국내외의 敵으로부터 국가의 안전을 보장하는 임무를 '신성한'이라고까지 강조, 국군에 맡긴 것은 아직 전쟁상태가 계속되고 있는 한반도의 현실을 반영한 것으로 보인다.

여기서 '내부의 敵'이라 함은 헌법과 국가정체성을 파괴하려는 세력을 가리킨다. 국군은 '국가의 안전보장'이란 의무를 다하기 위하여, 정치에 개입하여선 안 되지만 정치를 알아야 한다. 특히 남북간 대결은 武裝(무장)대결과 이념대결을 겸하고 있으므로 軍은 이념전쟁도 수행해야 한다. 이런 목적으로 軍에 政訓(정훈) 부서를 만들도록 한 이가 국군의 아버지 이승만 대통령이었다.

'政訓'은 '정치훈련'의 약자이다. 정훈은 북한군과 북한노동당의 사상적 공세에 대응하여 국군장병들의 이념 무장을 책임진 부서이다. 문제는 입대하는 젊은이들이 학생 시절에 좌편향 교육을 받아 彼我(피아) 식별 기능이 상당히 망가진 상태란 점이다. 건전한 국가관을 가진 젊은이들을 양성, 軍에 보내야 할 학교가 문제아들을 양산, 군대에 짐을 지우고 있는 형편이다.

1987년부터 본격화 된 민주화 시대 이후 국방부가 이런 문제를 덮지 않고 정면에서 제기한 것은 이번이 처음이었다. 김관진 장관이 아니면 할 수 없는 일이라는 게 軍 내부의 評이다. 국방부는 '고교 한국사 교과서 (현대사 분야) 왜곡·편향 기술 문제바로잡기 제안 배경설명'에서 "잘못된 역사교육으로 軍의 정신전력과 안보태세가 약화될 수 있다"고 걱정했다.

"軍은 '지켜야 할 대상'과 '싸워야 할 대상'을 명확히 인식해야 하며, 이를 위해서는 올바른 역사의식이 전제되어야 한다"는 것이다. 그런데 "現 역사 교과서는 우리 장병들이 '무엇을 지켜야 하며, 지켜야 하기 위해 누구와 싸워야 하는지'를 혼동케 하고 있다"고 이 제안설명서는 통렬하게 지적하였다. 국방부는 또 "現 고교 한국사 교과서는 입대 전 우리

젊은이들에게 대한민국에 대한 냉소적 시각과 북한에 대한 환상을 심어주고 있다"면서 "국군을 '호국의 干城(간성)'이 아니라 국가발전을 저해하고 국민을 탄압해온 집단으로 매도하고 있다"고 주장하였다. 이 설명문은 또 "왜곡된 역사 교과서를 시정하기 위해서는 軍 뿐만 아니라 국민 모두의 관심과 동참이 요구된다"면서 역사학자들의 편향성을 바로 잡을 대안까지 제시하였다.

〈현대사는 역사학자들의 전유물이 아니라, 이 시대를 더불어 살아온 국민 모두의 몫이다. 역사에 대한 평가는 일정한 시간이 지난 시점에서 후세들에 의해 평가되는 것이 합당하다. 특히 현대사는 역사학자뿐만 아니라 이 시대를 몸으로 겪고 살아온 국민들의 몫이다.

그러나 現 고교 교과서는 일부 편향된 시각을 지닌 역사학자들의 주관적 평가에 치우친 내용을 담고 있어 그 폐해가 심각하다. 따라서 소수 역사학자에 의한 '평가'가 아닌 안보 · 경제 · 문화 · 종교 · 학술 분야 등 각계 전문가가 참가하여 국민 모두가 공감할 수 있는 종합적이고 객관적인 '사실' 위주로 기술되어야 한다.

역사 교과서는 자녀들에게 전해주는 우리와 우리 부모 세대에 대한 평가서이며, 미래를 위한 길잡이이다. 現 교과서는 동서고금을 통해 가장 위대한 성취를 이룬 대한민국의 성장과 발전을 부끄러운 역사로 전락시키고, 반면에 역사상 前例(전례) 없는 '불량국가'이자 국제적으로 낙인찍힌 '실패한 체제'인 북한을 두둔하고 있다.

즉, 이 시대의 대한민국은 '부자이지만 나쁜 아빠'로 폄하하고, 북한은 '가난하지만 좋은 아빠'로 美化하고 있다. 우리와 우리 부모세대가 '온갖 나쁜 짓을 다하면서 돈만 모아 놓은 파렴치한 세대'로 경멸

받는 것이 과연 옳은가? 주민을 굶주리게 하고 추악한 집단으로 지

탄을 받는 북한을 칭송하는 것이 옳은가?〉

국군이 그동안 참고 참으면서 지켜보았던, 좌경적 역사왜곡에 대한
비판이다. 현대사는 고대사와는 달리, 우리 모두가 만들어가고 체험한
이야기이다. 이런 분야를 좌편향된 국사교수나 교사들이 자신들의 전유
물인 것처럼 착각, 왜곡의 특권을 누리고 있다. 국방부는 현대사 집필에
보다 많은 전문가들이 폭넓게 참여해야 한다고 주장하고 있는 것이다.

교과서에 담긴 역사관은 국가의 공식史觀(사관)으로 간주된다. 공무원
임용 시험 출제도 교과서를 근거로 한다. 이명박 정부 시절에 새로 나온
고등학교 한국사 교과서의 태반이 좌경적 계급사관으로 써져, 反대한민
국-親북한정권의 기술로 일관되어 있다. 대통령과 교과부 장관이 국가
적 자살을 유도하는 自虐(자학)사관을 방치하니 국군이 수정을 요구하고
나섰다. 정상국가에선 있을 수 없는 일이다.

좌파의 폭력에 관대한 법원

2009년 〈조선일보〉는, 법원이 경찰관에게 폭력을 행사하면서 공무
집행을 방해하는 사람들에 대하여 영장을 발부하는 비율이 다른 사건에
비하여 3분의 1수준에 그쳐 "법원이 공권력 무시 현상을 부추기고 있다"
는 비판이 나오고 있다고 보도하였다. 검찰에 따르면, 서울중앙지검이
2008년 4월부터 12월까지 公務執行(공무집행) 방해사범 439명에 대하여
구속영장을 청구했으나 이중 105명(23.9%)에게만 영장이 발부되었다고
한다. 공무집행 방해사범 4명 중 3명 이상이 불구속 상태에서 재판을

받았다는 뜻이다.

이는 같은 기간 서울중앙지법의 전체 구속영장 발부율 67.7%의 절반에도 못 미치고, 전국 기준(75.7%)의 3분의 1에도 미달하는 수치다. 검찰 관계자는 "법원이 공무집행 방해를 가볍게 처리하다보니 공권력을 무시하는 현상이 커진다"며 "불법 촛불집회 같은 대규모 群衆(군중)이 모이는 곳에서는 경찰을 더욱 우습게보고 행동한다"고 지적했다.

경찰관 등 공무원을 패고 때리는 것은 국가와 法治에 대한 폭력행사이고, 이는 공동체의 질서를 허무는 행위이므로 구속영장 발부율이 평균인 68%보다 월등히 높아야 한다. 판사들 중에 공권력을 輕視(경시)하거나 심지어 敵對視(적대시)하고 폭도들을 동정하는 이들이 있다는 추정을 가능하게 한다. 경찰관들을 패는 이들 중엔 진보세력을 자처하는 종북좌파 인사들이 특히 많다. 이들에 대한 호의적 결정이나 판결을 보면서 판사들 중에 이들을 이념적으로 동조하는 게 아닌가 의심하는 사람들도 있다.

汎(범)좌파세력이 주동한 촛불난동 때 경찰관을 폭행한 혐의로 재판을 받은 9명 중 한 명도 實刑(실형)을 받지 않았다.

공안사건 판결 무죄율 높아

이용훈 대법원장 시대가 막을 내렸다. 그의 재임 시절 아직도 어린 대한민국의 민주주의와 법치는 종북세력의 공격으로 중대한 위기를 맞았다. 법원은 과연 憲政(헌정)질서와 법치주의를 지켜냈는가. 아니면 왜곡된 신념의 포로가 되어 憲法敵對(헌법적대) 세력에 용기를 주고 폭력과 선동을 비호하였는가? 2010년 초 〈조갑제닷컴〉(李知映 기자)은 시국사건에 대한 법원의 판결 성향을 분석한 적이 있었다.

이용훈 대법원장이 취임한 2005년 7월 이후의 親北·좌익·국가 공권력 도전 혐의자 관련 37개 사건 40개 판결을 분석한 결과, 무죄가 14건으로 전체의 35%에 해당했다. 유죄 16건, 처분취소 2건, 선고유예 1건, 공소기각 1건, 구속영장 기각 5건, 기타 1건이었다. 유죄를 선고한 16건의 경우도 모두 집행유예였다. 언론에 보도된 사건의 재판을 조사대상으로 삼았다.

親北·좌익활동에 해당하는 국가보안법 위반 사례들의 판결 요지에서는 일관된 논리구조를 엿볼 수 있었다. "국가보안법을 위반한 혐의(이적단체 구성, 反국가단체 찬양·고무, 이적표현물 제작·소지 등) 사실은 인정되지만 우리 사회의 성숙도로 볼 때 과거보다 위험성이 미약하다거나 한국사회의 민주성, 다양성, 개방성, 포용력에 비춰 영향력이 크지 않아 집행을 유예한다"는 식이다.

6·15남북공동선언을 실천한다는 명목으로 북한정권의 對南(대남)공작에 동조하는 활동을 해온 '남북공동선언실천연대'(이하 실천연대)를 조직하고 親北활동을 한 혐의로 기소된 사건의 경우, 이강원(서울고법 형사 10부) 판사는 판결문에서 이렇게 말하고 있다.

> "북한의 주체사상 및 선군사상을 무비판적으로 추종해온 실천연대
> 는 이적단체의 성격을 지니고 있으나, 피고인들을 집행유예로 풀어
> 주는 것이 한국사회의 민주성과 다양성, 개방성 및 포용력을 외부
> 에 알리는 길이 되고 나아가 남북교류와 협력에도 유익하다."

북한 주장에 동조하는 이적문건을 작성, 전파한 혐의로 기소된 실천

연대 대표 사건의 경우 김기정(서울중앙지법 형사합의 26부) 판사는 "실천연대는 남한사회를 미국의 식민지로 보면서 북한은 사상적·군사적 강국으로 표현하고, 김일성 부자의 주체사상과 선군정치를 찬양하는 등 자유민주적 질서에 해악을 끼칠 수 있는 이적단체이나, 공산혁명이나 무장봉기 등으로 국가전복을 직접적으로 기도하거나 선전선동하지 않았고 현재 우리 사회의 민주성, 다양성, 개방성, 포용력 등에 비춰 실제 미칠 영향력이 크지 않다"는 요지로 피고인에게 집행유예를 선고했다.

북한정권을 찬양하는 동영상을 인터넷 포털에 올린 혐의로 기소된 조계종 승려 사건에서 김기정 판사는 "피고인이 다량의 이적 표현물을 제작, 반포했고 김일성과 김정일을 노골적으로 찬양·미화하는 내용을 올리는 등 죄질이 가볍지 않지만, 우리 사회가 성숙해 피고인의 범죄 혐의로 인한 위험성이 미약하다"고 집행유예를 선고했다.

이적단체를 구성, 친북활동을 한 청주통일청년회, 북한 역사책을 인용해 강의자료를 제작한 전교조 교사, 북한을 찬양·고무한 전교조 교사, 북한을 찬양하는 홍보동영상을 제작한 6·15실천연대 회원 사건 재판도 같은 흐름이었다.

"통일 생각하는 마음에서 범행에 이르게 된 점을 참작해…"

경찰폭행·폭력집회 등 국가 공권력에 도전한 혐의에 대해서도 납득이 가지 않거나 온정적이고 관대한 판결을 내린 경우가 대부분이었다. '미디어법 개정 반대, 대규모 도심 집회 금지 조치 반대' 등 時局(시국)선언 전교조 교사에 대하여 김균태(전주지법 형사4단독) 판사는 "국민의 한 사람으로서 국가에 바라는 사항을 밝힌 것에 불과하고 헌법이 규정하는 표현의 자유에 해당한다"며 무죄 판결을 내렸다. 공무원과 교원노조는 정치활동이 금지되어 있으며 교육기본법 제6조 1항에 따르면 교사는 교육의 정치적 중립성을 보장해야 하는데도 이런 판결을 내렸다.

국회 경위를 폭행하는 등 공무집행 방해, 공용물건 손괴 혐의로 기소된 강기갑 민노당 대표도 무죄판결을 받았다. "공무집행 방해 혐의의 전제가 된 김형오 국회의장의 질서유지권 발동 자체가 적법하지 않으며 국회 경위를 폭행한 것은 항의의 의사 표시이지 위해를 가하기 위한 것이 아니다. 박계동 사무총장실에서 탁자를 부순 혐의는 강 의원이 극도로 흥분한 상태로 고의성이 있었다고 보기 어려워 죄가 되기 어렵다"(이동연 서울남부지법 형사1단독)는 것이다.

'범청학련 통일대축전'에 참가했다가 폭력시위로 경찰관을 숨지게 한 혐의로 기소된 사건에서 김동오(서울중앙지법 형사 25부) 판사는 "특수공무집행방해치사 혐의는 증거가 부족하고, 최근 남북 정상들이 한반도의 평화 및 경제협력을 위한 회담을 개최함으로써 국민들의 통일에 대한 기대가 높아지고 있고 10·4합의가 성실히 이행된다면 한반도 평화도 머지않아 정착될 것으로 보인다. …피고인이 기본적으로 민족의 통일을 생각하는 마음에서 범행에 이르게 된 점을 참작해 형 집행을 유예한다"고 판결했다.

미디어법에 반대하며 국회시설을 불법점거, 연좌농성을 벌인 민노당 당직자들의 혐의에 대해서는 공소 기각판결을 했다. 마은혁(서울남부지법 형사5단독) 판사는 "민주당과 민노당 소속 의원, 당직자 150여 명이 한나라당의 미디어법 등의 국회 상정을 저지하고자 작년 12월30일부터 국회 중앙홀에서 연좌농성을 함께 했음에도 민노당측만 기소한 것은 차별 취급에 해당한다"고 밝혔다. 검찰은, 민주당 측 농성자들의 경우, 국회의장이 해당 법안을 직권상정하지 않겠다는 방침을 밝힌 직후 자진 퇴거한 점을 고려해 기소하지 않았었다. 한편, 같은 법원의 정계선 판사는 지난 해 7월 같은 혐의로 약식 기소된 민노당 당직자 박 모 씨에게 70만 원의 벌금형을 선고했었다.

〈동아일보(2009.11.12.)〉는 "마은혁 판사가 1987년 결성된 사회주의 지하 혁명조직인 '인천지역 민주노동자 연맹(인민노련)'의 핵심 멤버였던 것으로 밝혀졌다"고 보도했다. 당시 경찰에 의하면 인민노련은 인천·부천지역의 공장 근로자를 상대로 사회주의 의식화 교육을 시키고 배후에서 파업을 독려한 혐의가 있었다고 한다. 같은 기사에서 〈동아일보〉는 "서울대 정치학과 81학번인 마 판사는 진보신당의 노회찬 대표, 조승수 의원 등과 함께 당시 인민노련의 조직원으로 활동했다. 일부 인사들은 1989년 구속됐으나 마 판사는 적발되지 않았다"고 전했다.

집회에서 探證(채증)을 하던 경찰관의 카메라 줄을 커터 칼로 끊은 피의자는 구속영장이 두 차례 기각되었다. 경찰을 폭행하고 지갑을 강탈해 신용카드를 사용한 혐의로 기소된 피의자는 경찰관을 폭행한 점에 대해서는 유죄가 인정되나 집행이 유예되었고, 강도 상해혐의에 대해서는 무죄를 선고받았다.

"공권력 도전은 감싸고 애국세력엔 가혹"

이용훈 대법원장 시절, 법원이 폭력 선동자에게 관대하고 애국인사에게 적대적 판결을 내리는 경향이 있었다.

2008년 6월 '촛불시위 현장에서 경찰이 20대 여대생 참가자의 목을 졸라 숨지게 한 뒤 시신을 승합차에 싣고 갔다'는 내용의 글과 현장을 찍은 듯한 사진을 편집·게시해 허위사실을 유포한 모 지방신문 보급소 장 겸 취재기자 최 모 씨 사건과, 같은 시기 한 강연에서 이 모 변호사와 김 모 행정관이 쓴 《거꾸로 가는 민주노총》이라는 책 내용을 믿고, "민노총이 자살한 조합원에 대해 補償(보상)해주는 규정이 있다"는 말을 해 민·형사 고소를 당한 金成昱(김성욱) 기자의 사건을 보자.

'여대생 사망설'을 유포한 최 모 기자의 경우 김민기(서울중앙지법 형사 12단독) 판사는 "피고인이 게시물을 인위적으로 합성하거나 조작하지 않고, 기존의 것들을 모아 물음표, 느낌표 등의 자막 처리와 함께 게시했다. 公益(공익)을 해할 목적으로 허위사실을 게시한 것이 아니라 자료들을 보며 드는 생각을 표현한 것으로 보인다. 허위사실 유포와 의견 표명은 구별돼야 하며 개인이 밝힌 의견이 나중에 허위로 밝혀졌다고 해서 처벌하는 것은 표현의 자유를 위축시킬 수 있다"며 무죄를 선고했다. 영국 법원은 최근 런던 폭동 때 페이스북에 시위를 선동한 글을 올렸던 청년 2명에게 징역 4년씩을 선고했다.

반면 김성욱 기자는, "기자로서 사실관계를 확인하지 않은 채 민노당 등이 분신자살의 배후라는 내용의 강연을 했다. 강연 당시 김 씨가 자신이 한 강연 내용을 진실이라고 믿을 만했었던 이유도 없어 보인다. 김 씨는 민노당과 민노총이 조합원들의 분신자살을 부추기거나 방조하는 것처럼 묘사해 명예를 훼손한 점이 인정된다. 그에 따른 손해를 배상할 책임이 있다"(홍기태 서울중앙지법 민사합의 34부 판사)고 2000만 원을 배상하라는 판결을 받았다. 金 기자는 형사사건에서는 300만 원의 벌금을 물었다.

노노데모(불법촛불시위반대 시민연대)와 소송대리인 '시민과 함께 하는 변호사들(市辯)'이 광우병 사태를 선동한 MBC를 상대로 한 민사소송을 보

자. 원고는 "MBC PD수첩이 의도적으로 허위, 왜곡된 방송을 내보냈고 사회적 불안감과 공포심을 조장해 건강권, 행복추구권 등이 침해됐다"며 국민소송인단 2455명 이름으로 1인당 100만 원씩 손해배상을 청구했다. 재판부는 "PD수첩은 시사고발 프로그램으로 다소 과장되고 선정적일 수 있으나 국민의 알 권리를 보장하는 역할을 한다는 점을 고려할 때 내용에 부정확한 부분이 있고 다수의 시청자가 정신적 고통을 겪었다 하더라도 책임을 물을 수 없다"며 기각했다(양현주 서울남부지법 민사16부).

국회에서 국회의원 폭행한 사람도 집행유예

2009년 2월 국회의사당 경내에서 전여옥 의원을 폭행해 전치 8주의 상처를 낸 혐의로 기소된 피의자는 '초범인데다 공탁금 500만 원을 맡긴 점, 68세의 고령 등을 참작'해 징역 10월에 집행유예 2년의 선고를 받았다(유환우 서울남부지법 형사6단독).

《친일인명사전》을 편찬한 민족문제연구소와 윤경로 씨 등이, 민족연구소를 '이적단체'로, 사전 편찬작업을 '이적혐의'라며 비판기사를 싣고 시위·기자회견을 해 명예가 훼손됐다며 서정갑 국민행동본부장, 김상철 미래한국신문 회장, 신혜식 독립신문 대표, 홍관희 안보전략문제연구소장 등을 提訴(제소)한 사건은 어떻게 됐을까? 한창호(서울중앙지법 민사합의25부) 판사는 "민족문제연구소가 민족을 우선시하는 통일을 지향하고… '친일인사 명단'을 작성한 것은 통일관과 좌우 이념의 차이에서 비롯된 것에 불과하다. 이 사실만으로 민족문제연구소가 친북단체라거나 친일인명사전 편찬작업을 이적혐의라고 할 수 없다"며 6500만 원을 지급하라는 판결을 내렸다.

항소심에서는 재판부가 "이들 단체가 민족문제연구소에 대해 '이적단체'나 '친북'등의 표현을 쓴 것은 민족문제 연구소에 대한 사회적 평가를 훼손하는 것이라기 보다 이념 논쟁에서 허용되는 언론의 자유 범위 안에 있다고 봐야한다"고 밝혔다. 그러나 시위를 벌이며 인신공격과 모욕을 해 명예를 훼손한 부분은 불법으로 보고 2000만 원을 배상하라고 판결했다.

이상에서 살펴본 판결들에서 친북 좌경 세력의 불법과 폭력, 국가안보 위해, 공권력 도전 혐의는 가볍게 처벌하고, 우파세력의 범죄혐의는 과도할 정도로 엄하게 처벌하는 경향성이 확인된다. 이런 판결을 내린 일부 판사들이 어떤 이념적 가치관을 가지고 있는지 미루어 짐작할 수 있다.

위원회가 대법원 판결을 뒤집어도 침묵

이재교 인하대 법학대학원 교수는 수년 전 〈조선일보〉에 기고한 글에서 이렇게 주장했다.

〈판결과 배치되는 민주화보상위의 결정은 법체계 상으로도 있을 수 없는 일이다. 대법원의 확정판결에 의하여 反국가단체를 조직한 행위로 평가된 데 대하여 일개 행정청에 불과한 민주화보상위가 민주화운동이라고 결정함으로써 대법원 판결을 정면으로 부정한 것이다. 이는 법체계의 근간을 흔드는 일이다. 법원의 판결은 최종적 판단이므로 행정·입법 등 모든 국가기관이 이에 구속된다. 행정부 소속 일개 위원회에 불과한 민주화보상위의 대법원 판결과 배치되는 결정은 삼권분립의 원리에 배치된다.

그동안 민주화보상위의 위헌적인 결정에 대하여 논란이 많았지만 민주화운동 관련자가 아닌 일반 국민이 이를 바로잡을 수 있는 제도적 장치가 없었다. 동의대 사태에서 유족들이 제기한 헌법소원이 각하된 것은 그 때문이다. 그 해결책으로 전여옥 의원이 현행 30일인 직권재심기간을 10년으로 연장하는 내용으로 개정을 추진하고 있다. 그러나 재심만으로는 부족하다. 위원회가 재심을 기각할 경우에는 대책이 없기도 하거니와 위헌적인 결정에 대하여 국민이 다툴 방법은 여전히 없는 것이다. 행정소송법 상의 민중소송제도를 도입해야 한다. 위헌·위법한 위원회의 결정에 대하여 일반 국민이 재심을 청구하고, 기각당하면 행정소송을 제기할 수 있도록 민중소송제도를 도입하면 위헌적인 결정에 대하여 법원의 최종 판단을 통해 바로잡을 수 있는 길이 열린다.〉

김대중, 노무현 정권이 만든 초법적 위원회로 인하여 가장 크게 피해를 본 곳은 사법부이다. 대법원이 反국가단체, 즉 역적이라고 판단한 범죄자들에 대하여 일개 행정부처가 민주화운동가, 즉 애국자로 규정, 국가예산으로 보상까지 했다. 동사무소가 대법원의 판결을 거꾸로 뒤집은 격이다.

한국의 사법부, 그 사법부의 독립을 지켜가야 하는 대법원장이 최소한의 양심과 법의식이 있다면 이런 만행을 보고 침묵할 순 없었을 것이다. 노무현 대통령이 임명한 이용훈 대법원장은 이 문제에 대하여 한 마디도 하지 않고 퇴임하였다. 李 대법원장은 특정 판결에 대하여 공개적으로 신랄한 비판을 한 사람이다. 판사들을 모아놓고 "재판은 국민이 하는 것이다"라는 취지의 과격한 말도 하였다. 권위주의 정권 시절 사법부가 제대로 판결하지 못하였다고 사과까지 한 사람이다. 대법원장은 사법부의 권위와 독립을 위하여 초법적 위원회의 사법부 능욕사태에 대하여 비판했어야 했다.

쟁점이 있는 사안에 대하여, 특히 자신의 이익이 침해받는 사안에 대하여 침묵하는 것은 동의로 해석된다. 公的(공적) 분야에서는 반박되지 않은 거짓말이 진실로 통용된다. 대법원장의 침묵은 초법적 위원회의 사법부 능욕에 대한 적극적 동의로 해석함이 옳다. 그렇다면 이용훈 대법원장은, 공산폭력혁명과 경찰관 살상행위를 민주화운동으로 본다는 이야기인가?

민노당·통진당을 흔히 從北(종북)정당이라고 부른다. 종북이란, 북한정권을 추종한다는 뜻으로 민노당에서 탈당한 사람들이 쓰기 시작한 용어이다. 민노당類(류)의 종북세력은 진보라고도 불린다. '진보'는 긍정적 의미를 가진 용어이다. 종북은 국가반역이다. 국가반역이 좋은 일이란 뜻으로 쓰인다는 이야기다.

언론은 김정일을 '국방위원장'이라고 호칭했다. 한반도에서 '國(국)'자를 쓸 수 있는 조직은 대한민국뿐이다. 반국가단체인 북한정권은 '당국'이나 '집단', '단체'로 불려왔다. 김정일 국방위원장이라고 쓰면 그가 마치 대한민국의 국방 책임자인듯한 착각을 일으킨다. 국방파괴자를 국방위원장으로 부르기 시작하면 敵(적)과 惡(악)에 대한 정의감과 공동체를 지키는 彼我식별기능이 마비된다.

남북관계의 본질은 '민족사의 정통성과 삶의 양식과 선과 악을 놓고 다투는 타협이 절대로 불가능한 총체적 권력투쟁'이다. 대한민국만이 민족사의 정통성을 계승한 한반도의 유일한 합법국가라는 게 국가 정체성의 핵심이다. 이 정체성은 정확한 용어와 헌법의 무기화를 통해서만 지켜낼 수 있다.

역사는 물을 것이다. 이명박 대통령과 이용훈 대법원장은 대한민국의 정체성과 法治(법치)를 수호하였는가, 파괴하였는가.

친북 · 좌경 · 폭력 · 선동 혐의자 관련 판결 목록

사건	북한 찬양 6 · 15실천 연대 회원
판결	징역 8개월 집행유예 2년
판사	김현미(서울서부지법 형사11부)
판결요지	반국가단체의 활동을 찬양 · 선전할 목적으로 인터넷 사이트에 이적표현물인 동영상을 제작 배포한 점이 인정된다. 북한의 위협이 엄존하는 상황에서 우리나라 체제의 안전과 존립에 대한 위험행위를 처벌할 필요성이 있다. 그러나 과거와 달리 위험성이 크지 않다.
쟁점	북한 체제를 찬양하는 홍보동영상을 제작, 다섯차례에 걸쳐 인터넷 사이트에 올린 혐의(국가보안법 위반)
날짜	2010.1.22
사건	MBC PD수첩
판결	무죄
판사	문성관(서울중앙지법 형사13단독)
판결요지	'다우너 소들이 광우병에 걸렸거나 걸렸을 가능성이 높다'는 보도가 허위 사실이라고 보기 어렵다.
	'한국인이 광우병에 걸린 쇠고기를 섭취한 경우 인간 광우병이 발병할 확률이 94% 가량 된다'는 보도가 전체적으로는 사실이며 방송 내용 가운데는 일부 오역이 인정되는 부분이 있었더라도 전체적으로는 제작진이 보도 내용을 사실로 믿을 만한 당시의 상당한 이유가 있는 것으로 보인다.
	당시 미국산 쇠고기의 광우병 위험성이나 수입협상 과정의 문제점에 대해 의구심을 가질만한 사유가 충분했고, 전문가의 의견을 청취하는 등 나름대로 근거를 갖춰 비판했기 때문에 정 전 장관 등에 대한 사회적 평가를 저하시키는 등 명예를 훼손했다고 보기 어렵다.
쟁점	미국산 쇠고기의 광우병 위험성을 왜곡 보도한 혐의(명예훼손 및 업무방해)
날짜	2010.1.20
사건	전교조 교사 시국선언
판결	무죄
판사	김균태(전주지법)

판결요지	국가공무원법 66조가 공무 이외의 일을 위한 집단적 행위를 제한하고 있지만 이는 모든 집단 행위를 금지해야 한다는 의미가 아니라 공익에 반하는 목적을 위해 직무 전념 의무를 해태하는 등의 영향을 가져오는 집단적 행위로 축소해석해야 한다.
	시국선언문이 특정 정당 정파에 대한 지지나 반대의 내용을 포함하지 않고 국민의 한 사람으로서 국가에 바라는 사항을 밝힌 것이며 주된 취지가 충실한 국정운영을 바란다는 것에 불과하다.
쟁점	교원노조법 제3조(교원노조의 정치활동 금지), 국가공무원법 제56조(직무상 성실 의무), 국가공무원법 제57조(복종의무), 교육기본법 제6조 제1항(교육의 정치적 중립성 조항), 제14조 4항(정당, 정파지지, 반대목적 학생 선동 등 금지) 위반 여부
날짜	2010.1.19
사건	강기갑 국회난동
판결	무죄
판사	이동연(서울남부지법 형사1단독)
판결요지	국회 경위 폭행 등 공무집행 방해 혐의의 전제가 된 김형오 국회의장의 질서유지권 발동 자체가 적법하지 않으며 따라서 질서유지권 발동에 근거해 국회 경위가 현수막을 철거한 행위는 적법하지 않은 공무수행이며 그에 반발한 강의원의 육탄공격도 처벌할 수 없다.
	국회 경위의 멱살을 잡아 폭행한 것은 항의의 의사를 표현하기 위한 수단이지 위해를 가하기 위한 것이 아니므로 공무집행방해죄의 성립요건인 위력행사가 아니다.
	박계동 사무총장실에서 탁자를 부순 혐의는 당시 강의원이 극도로 흥분한 상태로 탁자를 부순다는 인식(고의성)이 있었다고 보기 어려워 죄가 되지 않는다.
쟁점	국회 경위 폭행 등 공무집행 방해, 박계동 국회사무총장 업무방해(방실침입과 공무집행방해), 공용물건 손괴 혐의
날짜	2010.1.15
사건	용산 방화사건
판결	수사기록 완전 공개
판사	이광범(서울고법 형사7부)
판결요지	1심 법원의 증거개시 결정에 적시된 서류에 대해 열람 · 등사를 허용한다.
쟁점	재정신청 재판부가 재정신청 기록을 열람 · 등사해 주는 것은 형사소송법 형사소송법 262조2 위반
날짜	2010.1.13
사건	보안법 위반 인터넷 논객
판결	징역 1년6개월 집행유예 3년
판사	민중기(부산고법 형사2부)
판결요지	피고인이 소지하거나 제작 또는 반포한 표현물은 김일성과 김정일, 주체사상, 선군정치, 핵개발 등을 미화하고 북한의 대남혁명노선을 선전하는 내용으로 국가의 안전과 자유민주주의 체

	제를 위협하는 이적표현물로 인정된다.
	표현물을 제작, 반포한 경위나 경력 등에 비추어 보면 미필적이나마 이런 행동이 이적행위가 되리라는 것을 인식했다고 보인다.
쟁점	2006년 10월부터 2009년 5월까지 PC방을 돌아다니며 정치포털 사이트 등에 북한의 정치체제를 찬양한 글을 게재한 혐의(국가보안법 위반)
날짜	2009.12.23
사건	**경찰 폭행해 지갑 강탈 후 신용카드 사용**
판결	징역 2년 집행유예 4년 강도상해혐의 무죄
판사	이규진(서울중앙지법 합의22부)
판결요지	피고인이 동대문역에서 발생한 경찰관 폭행에 가담하고 경찰관의 지갑을 절취하거나 분실된 지갑을 가질 의도로 습득했다고 의심할 정황은 있지만 증거가 부족하다.
	동대문역으로 이동하기 전 서울역에서 경찰관을 폭행하고, 불법 집회에 참가한 점은 유죄가 인정된다.
쟁점	2009년 3월 서울 동대문 지하철역 6번 출구에서 벌어진 박 모(36) 경사 집단폭행에 가담하고, 빼앗은 지갑속의 신용카드로 의류매장과 마트에서 점퍼와 담배를 사고, 앞서 지하철 1호선 서울역 승강장에서 다른 시위대 50여 명과 함께 서울경찰청 5기동대 소속 경찰관 3명에게 집단 폭력을 휘두른 혐의로 구속기소
날짜	1심 2009.9.5 / 2심 2009.12.11
사건	**실천연대 선전위원장 북한 찬양 연주곡 파일소지**
판결	무죄
판사	김용상(서울중앙지법 형사합의21부)
판결요지	USB에 저장된 10여 개의 이적성 음악파일은 단순한 행진곡과 클래식풍 연주에 불과하며 가사도 없어 북한을 찬양했다고 볼 수 없다.
판결	징역 2년 집행유예 4년 자격정지 2년 보호관찰 4년
판사	조병현(서울고법 형사1부)
판결요지	해당 mp3 파일은 제목만으로도 북한을 찬양하기 위해 작곡된 것임을 쉽게 알 수 있다. 대한민국의 존립과 안전, 자유민주주의 체제를 위협하는 것으로 표현의 자유의 한계를 벗어난 이적표현물이다. 음악은 제목과 음원만으로도 사상성을 표현하는 경우가 많기 때문에 가사가 없다는 점만으로 사상성을 알 수 없다고 단정하기 어렵다.
쟁점	북한을 찬양하는 제목의 mp3 음악파일을 소지한 혐의(국가보안법상 이적표현물 소지)
날짜	2009.6.26 / 2009.12.2
사건	**민노당 국회 연좌 농성**
판결	공소기각
판사	마은혁(서울남부지법 형사5단독)
판결요지	국회 중앙홀에서 연좌농성을 벌인 민주당과 민노당에 차별적 기소를 한 것은 평등권을 침해

한 공소권 남용이다. 행위 종료시기는 다르지만 같은 장소에서 같은 목적으로 시작된 퇴거 불응이라는 행위를 함께 한 행위자들을 두 부류로 나눠 한 집단만 기소한 것은 차별취급에 해당한다.

쟁점	폭력행위 등 처벌에 관한 법률위반(공동퇴거불응)
날짜	2009.11

사건	정연주 전 KBS 사장 해임 처분
판결	취소
판사	정형식(서울행정법원 행정13부)
판결요지	해임하면서 사전에 통지하고 의견제출 기회를 주지 않았기 때문에 절차상 위법. 해임처분을 무효라고 할 만큼 중대하고 명백한 하자라고는 볼 수 없고 취소사유에 해당한다.
쟁점	KBS 이사회는 참석이사 전원 찬성으로 감사원 문책 사유(부실경영, 인사 전횡)와 공정성 훼손, 관리부재 등의 이유로 정연주 사장 해임안 통과, 정연주 사장은 이명박 대통령을 상대로 해임처분 무효 청구 소송을 함
날짜	2009.11.12

사건	실천연대 대표 국가보안법 위반
판결	징역 2년 집행유예 4년 자격정지 2년
판사	김기정(서울중앙지법 형사합의28부)
판결요지	공산혁명이나 무장봉기 등으로 국가 전복을 직접적으로 기도하거나 선전 선동하지 않았고 현재 우리 사회의 민주성, 다양성, 개방성, 포용력 등에 비춰 실제 미칠 영향력에 크지 않다.
쟁점	북한 주장에 동조하는 이적문건을 작성, 전파한 혐의(국가보안법 위반 혐의)
날짜	2009.11.27

사건	북한 찬양 동영상 올린 조계종 승려
판결	징역 1년 집행유예 2년
판사	김기정(서울중앙지법 형사합의28부)
판결요지	피고인이 다량의 이적표현물을 제작, 반포했고 김일성과 김정일을 노골적으로 찬양 미화하는 내용을 올리는 등 죄질이 가볍지 않지만 우리 사회가 성숙해 피고인의 범죄 행위로 인한 위험성이 미약하다.
쟁점	2008년 촛불시위 이후부터 '이명박 정부는 서민을 죽음으로 내모는 공안정권', '북한의 핵개발은 우리 국민을 위한 것' 등의 글을 아고라 등 인터넷 공간에 올리고 2009년에는 북한이 제작한 동영상을 유튜브에서 찾아 국내 포털에 수차례 올린 혐의(국가보안법 위반)
날짜	2009.11.24

사건	실천연대 조직위원장 이적단체 구성
판결	징역 2년6개월 집행유예 4년 자격정지 2년6개월
판사	이강원(서울고법 형사10부)

판결요지	북한이 국가보안법상 반국가단체란 판례가 있는 상태에서 북한의 주체사상 및 선군사상을 무비판적으로 추종해온 실천연대는 이적단체의 성격을 지니고 있으나 피고인들을 집행유예로 풀어주는 것이 한국 사회의 민주성과 다양성, 개방성 및 포용력을 외부에 알리는 길이 되고 나아가 남북 교류와 협력에도 유익하다.
쟁점	6·15남북공동선언을 실천한다는 명목으로 북한 체제에 동조하는 통일운동단체인 '남북공동선언실천연대'를 구성하고 친북활동을 한 혐의(국가보안법상 이적단체 구성 및 찬양 고무혐의
날짜	2009.10.22

사건	전교조 연가투쟁 견책처분
판결	취소
판사	마은혁(인천지법 행정1단독)
판결요지	연가를 어떠한 목적으로 이용할 것인지에 관해서는 국가공무원 복무 규정 등의 법령에 아무런 제한이 없다. (연가 사용은) 공무원이 자유롭게 결정할 수 있고 행정기관의 장이 간섭할 수 없다.
	연가와 집회참석을 불허한 것은 정당한 사유가 없을 뿐아니라 전교조의 집단적인 집회 및 표현의 자유와 조합활동권, 원고들의 개인적인 집회 및 표현의 자유, 조합 활동권을 침해한 것으로 위법하다.
쟁점	교육행정정보시스템 시행에 반대하는 전교조 교사들이 집회에 참가하기 위해 연가를 신청. 학교장이 불허했음에도 집회참가 강행. 인천동부교육청 견책처분 내림. 이에 불복한 교사들 견책처분 취소청구 소송 제기
날짜	2005.9.23

사건	진보연대 조직국장 검찰 수사정보 유출의혹
판결	무죄
판사	신영철(대법원 3부)
판결요지	원심은 피고인이 범행을 위해 후배를 이용 실행에 옮길 의사가 있었다는 점을 인정할 수 없다는 이유 등으로 무죄를 선고했다. 원심의 판단은 정당한 것으로 수긍되고 채증법칙을 위반하거나 공동정범의 성립요건에 관한 법리를 오해하지도 않았다.
쟁점	대학 후배인 법원 공무원노조 직원을 통해 법원 재판사무시스템 전산망에 접속, 공안사범에 대한 영장발부여부 등을 외부에 유출한 혐의(정보통신망법 위반)
날짜	2009.9.17

사건	경찰관 채증 카메라 커터 칼로 자른 민노총 간부
판결	구속영장 두 차례 기각
판사	한경환(서울남부지법 영장전담)
판결요지	손 씨(민노총 간부)의 주거가 일정하고, 경찰관에게 직접 폭력을 가하지 않았으며, 당시 경찰은 채증요원을 여러 명 현장에 배치해 문제의 카메라를 빼앗겼다고 해도 공무를 수행할 수 없게 되는 것이 아니다.

채증을 당하니까 증거를 없애려는 생각에서 손 씨가 몸싸움 정도는 벌였겠지만 (집회 현장에서) 당연히 예상되는 정도이며 (또 다른 채증 요원이) 채증을 하고 있어 빼앗긴 경찰관의 카메라가 유일한 채증 방법은 아니었다.

판사	이금진(서울남부지법 영장전담)
판결요지	도주 및 증거인멸의 우려가 없다. 손 씨가 카메라를 빼앗은 점을 시인했고, 손 씨가 커터 칼로 카메라 끈을 자르는 사진이 확보돼 있을 뿐 아니라, 민주노총이 피해액을 법원에 공탁해 불구속 처리한다.
쟁점	경찰은 손 모 씨가 2009년 7월22일 여의도에서 열린 미디어법 반대 집회 도중 시위대와 함께 서울지방경찰청 소속 김 모 경사의 옷을 붙잡고 늘어지며 시비를 건 뒤 시위대 수십 명과 경찰관 둘러싸고 발길질을 하는 등 폭행하며 70m가량 끌고 다니는 와중에 자신이 갖고 있던 사무용 커터 칼로 김 경사의 채증용 카메라(810만원 상당) 줄을 끊어 빼앗은 혐의(특수강도 등)를 비롯해 10여 건의 불법집회에 참가해 경찰을 폭행하는 등의 혐의로 구속영장 청구
날짜	2009.8.7 1차 구속영장기각 / 9.12 2차 구속영장기각
사건	인민군복 입고 친구에게 북한 찬양, 월북 권유
판결	무죄
판사	여상원(서울중앙지법 형사합의9부)
판결요지	피고인 발언이 북한 주장과 일치하고 북한을 긍정적으로 평가한 점을 인정하나 다수를 상대로 한 발언도 아니고 자유민주적 질서를 명백하게 해치는 것으로 볼 수 없다. 인공기나 김일성 사진을 이적물로 본다면 백과사전, 인터넷 뉴스에 실린 것도 문제가 될 수 있고 북한을 응원했다는 이유만으로 처벌하면 국민이 모두 범죄자로 취급받거나 사법당국이 자의적인 법 집행을 할 소지가 있다.
쟁점	6·25는 북침전쟁이며 남한은 북한의 선군 정치 덕분에 살고있다는 친북발언 및 인민복을 입고 자랑한 혐의, 대형 인공기와 김일성 부자 사진을 소지한 혐의, 미국에서 열린 북한 태권도 시범단 행사에 참석해 응원한 혐의(국가보안법 상 잠입·탈출, 찬양·고무 혐의 등)
날짜	2009.9.10
사건	청주 통일청년회 이적단체 규정
판결	징역 2년 및 자격정지 2년 집행유예 4년
판사	김연하(청주지법 제11형사부)
판결요지	청주통일청년회 활동은 반미자주화 등 북한의 대남전선 전술과 일치하고 있어 국가보안법상 이적단체에 해당한다. 피고인들이 이적단체인 조국통일범민족연합, 한국청년단체협의회와 교류한 사실도 인정되며 회원들에게 주체사상과 선군정치 등 북한의 이념전술에 동조하는 활동을 해왔다고 볼 수 있다. 다만 청주통일청년회의 규모가 크지 않고 피고인들이 시민단체의 활동도 해온 점, 한국사회가 발전한 점 등을 고려해 집행유예를 선고한다.
쟁점	북한 체제에 동조하는 이적단체를 구성해 친북활동을 한 혐의(국가보안법 위반)
날짜	2009.9.10

사건	생활고로 월북 시도
판결	징역 1년 집행유예 2년
판사	유성근(춘천지법 형사2단독)
판결요지	반국가단체인 북한 지배 아래 있는 북한 총영사관을 통해 월북을 시도한 것은 엄벌이 불가피하다. 하지만 자신의 처지를 한탄해 자포자기 심정으로 막연히 아버지 고향인 북한에 가서 살아야겠다고 생각한 나머지 범행에 이르게 됐으며 깊이 반성하는 점 등을 참작했다. 북한 영사관 직원에 제출한 월북경위서도 계획된 것이라기보다는 직원 요구에 따라 즉흥적으로 쓴 것으로 보인다.
쟁점	중국 선양의 북한 총영사관을 찾아가 '친일파가 득세하는 군사독재정권의 대한민국은 보통사람이 살기 어려운 자본주의 체제이며 북한은 주체 조선을 내세워 사회주의 체제 아래 잘산다'는 내용의 경위서를 제출하고 월북을 시도, 북한 총영사관으로부터 수차례 거절당하자 중국 현지 브로커를 통해 월북하려 한 혐의(국가보안법 위반)
날짜	2009.9.3
사건	정연주 전 KBS 사장 배임혐의
판결	무죄
판사	이규진(서울중앙지법 형사22부)
판결요지	회사의 이익보다 사장 지위 유지라는 개인적인 목적을 이유로 사건 조정에 임한 것이 아닌가 의심이 드나 조정과 배임죄의 특성 등을 법리적으로 고려하면 고의로 보기 어렵다.
쟁점	세금 환급 소송을 중단해 KBS에 1892억 원 상당의 손해를 끼친 혐의(특정경제범죄가중처벌법상 배임)
날짜	2009.8.18
사건	'장군님의 전사' 노래 제작한 실천연대 간부
판결	징역 10개월 집행유예 2년
판사	김용상(서울중앙지법 형사합의21부)
판결요지	처벌 전력이 없고 기본적인 범죄 사실을 인정한 점과 이 후보에 대한 직접적인 위해가 없었던 점 등의 정상을 참작했다.
쟁점	대선 당시 이명박 후보 지지자인 것처럼 가장, 이회창 후보에 대한 협박글을 올린 혐의, 2004년 당시 김일성의 생일(4월15일)을 앞두고 김일성 부자를 찬양하는 '우리는 장군님의 전사'란 노래를 제작(국가보안법 위반)한 혐의
날짜	2009.6.26
사건	북한 3대헌장 기념탑 행사 참석
판결	무죄
판사	문성관(서울중앙지법 형사13단독)
판결요지	대규모 남북 공동행사의 개막식 자체가 반국가단체 활동을 찬양·고무·선전키 위한 목적이라고 단정할 수 없으며 행사에 참석해 박수를 친 행위만으로 이들의 활동에 호응 가세한다는

의사를 적극적으로 외부에 표시했다고 보기 어렵다. 피고인들의 개막식 참석을 북한이 선전
활동에 활용했다고 볼 만한 사정도 없다.

쟁점	6·15공동선언실천을 위한 남북 공동행사에 참석하겠다며 방북을 신청했으나 정부는 개막식 행사장소가 북한의 이념을 선전하는 3대 헌장 기념탑 앞이라는 이유로 불허. 거듭된 요청에 기념탑 관련 행사 참여 금지 등을 조건으로 허용했으나 이를 어기고 북한의 '조국통일 3대 헌장 기념탑' 행사에 참여해 국가보안법 위반(찬양·고무)한 혐의
날짜	2009.6.7

사건	**여대생 사망설 유포**
판결	무죄
판사	김민기(서울중앙지법 형사12단독)
판결요지	피고인이 게시물을 인위적으로 합성하거나 조작하지 않고, 기존의 것들을 모아 물음표, 느낌표 등의 자막 처리와 함께 게시해 공익을 해할 목적으로 허위사실을 게시한 것이 아니라 자료들을 보며 드는 생각을 표현한 것으로 보인다. 허위사실 유포와 의견 표명은 구별돼야 하며 개인이 밝힌 의견이 나중에 허위로 밝혀졌다고 해서 처벌하는 것은 표현의 자유를 위축시킬 수 있다.
쟁점	2008년 6월 촛불시위 현장에서 경찰이 20대 여대생 참가자의 목을 졸라 숨지게 한 뒤 시신을 승합차에 싣고 갔다는 내용의 '여대생 사망설'과 관련된 내용의 글과 현장을 찍은 듯한 사진을 편집해 게시해 허위사실 유포 혐의(전기 통신기본법 제47조 제1항)로 구속기소. (1심 징역 10월, 2심 무죄)
날짜	2009.2.20

사건	**북한 역사책 인용 강의자료 제작 전교조 교사**
판결	징역 10월 집행유예 2년
판사	김한성(부산지법 형사9단독)
판결요지	김일성 부자의 주체사상과 선군정치를 찬양하고 사회주의를 지지하는 내용의 자료를 제작 반포했다는 검찰의 공소사실이 모두 인정된다. 피고인들이 수사과정에서 진술을 거부하고 증거 인멸을 시도하는 등 반성하지 않아 엄하게 다스려야 하지만 특정 교사를 상대로 한 자료였으며 우리 사회의 성숙도로 볼 때 과거보다 그 위험성이 크지 않아 형의 집행을 유예한다.
쟁점	전교조 부산지부 강당에서 사회와 도덕, 역사과목 교사 등을 대상으로 통일학교를 운영하면서 북한의 역사책인 《현대조선력사》의 내용을 발췌해 만든 교재로 김일성 중심의 항일투쟁사와 북한의 실상 등을 교육한 혐의(반국가단체 찬양·고무와 이적표현물 제작·소지 등 국가보안법 위반)
날짜	2009.2.13

사건	**.북한 찬양 고무 전교조 교사**
판결	무죄
판사	최병선(서울중앙지법 형사1단독)
판결요지	이적 표현물에 해당하는 문건을 갖고서 논한 주장은 이적 목적을 가졌다고 보기에는 어렵다. 다만 이적 표현물을 게재하고 객관적 입장에서 교육하지 않은 통일교육담당교사로서 징계할

수는 있겠지만 국가보안법에 해당하는 구속요건을 갖추었다고 보기는 어렵다.

쟁점	이적 표현 문건을 제작, 전교조 인터넷 카페 및 홈페이지에 게시 · 보관하는 등 북한을 찬양 · 고무한 전교조 소속 교사의 국가보안법 위반 혐의
날짜	2009.1

사건	손영태 전공노 위원장 사전구속 영장 신청
판결	영장 기각
판사	마은혁(서울남부지법)
판결요지	(손 위원장이) 검찰 소환에 잘 응해 왔고 도주, 증거 인멸의 우려가 없고 범죄사실에 대한 소명자료가 부족하다.
쟁점	정부 지침 등 지방공무원법 위반 혐의로 행안부에 의해 고발
날짜	2009.1

사건	사진작가 이시우 군사시설 무단촬영
판결	무죄
판사	박홍우(서울고법 형사2부)
판결요지	대인지뢰 실태조사 내용 등 일부 부분을 군사기밀로 인정하는 한편, 이 씨가 소지했던 친북인사 한호석 씨의 글과 북한 원전 등을 이적 표현물로 결정.
	그러나 이 씨가 공식적인 집필활동을 했고, 〈통일뉴스〉 기자로 합법적 연구활동을 해왔으며, 그의 주장이 북한과 유사한 부분도 있지만 '헌법상 용인' 된다.
쟁점	국방부에서 3급 군사기밀로 분류된 미군기지 정보 등 남한내 군사시설을 무단촬영해 재일 조총련에 유출한 혐의(국가보안법 제5조 반국가단체 자진 지원 등, 군사비밀보호법 위반 여부)
날짜	2008.12

사건	KAL기 폭파사건 '안기부 조작' 소설
판결	무죄
판사	최병률(서울중앙지법 형사11단독)
판결요지	국가기관의 수사 결과에 대한 비판 및 의문 제기는 일반인에 대한 비판보다 넓게 인정해야 하며, 국가로서는 시간과 비용이 들더라도 이런 의혹에 대해 해명하고 설득해야 할 의무가 있다.
	소설 내용이 진실이 아닌 의혹을 바탕으로 했으며, 내용이나 표현이 수사 결과와 배치되는 점이 있더라도 이것만으로는 당시 수사를 맡았던 직원들을 비방하거나 명예를 훼손하기 위해 책을 쓴 것으로 볼 수 없다.
쟁점	1987년 대한항공 858기 폭파사건을 당시 노태우 후보의 당선을 위해 북한이 자행했다고 안기부가 날조한 것처럼 표현해 국가안전기획부(현 국정원) 직원들의 명예를 훼손한 혐의(출판물에 의한 명예훼손)
날짜	2008.9.9

사건	친북활동 송두율 교수
판결	징역 2년6개월 집행유예 5년
판사	박홍우(서울고법 형사2부)
판결요지	대한민국 국민이 외국에 거주하다가 거주지를 떠나서 반국가단체의 지배를 받는 지역에 들어가는 것은 잠입행위로 볼 수 있지만, 외국에 거주하던 외국인의 경우는 잠입 · 탈출행위로 볼 수 없다. 송 교수가 독일 국적을 취득한 1993년 이후 북한을 방문한 행위에 대해서는 국가보안법을 적용할 수 없다. 북한이 남한의 자유민주질서 전복을 포기하지 않은 상태에서 송 교수가 장기간 북한을 위해 활동한 점은 엄히 처벌해야 하나 송 교수가 현재 독일에 체류하고 있고 북한을 위한 활동은 하지 않는 것으로 판단해 양형을 정했다.
쟁점	1967년 독일로 유학을 떠난 뒤 조선노동당에 가입하고 수차례 방북해 국내 입국을 거부당하다 2003년 9월22일 귀국, 국가보안법상 반국가단체 가입, 잠입 · 탈출, 회합 · 통신 혐의
날짜	2008.7.24
사건	점거농성 조합원
판결	선고 유예
판사	마은혁 (서울남부지법)
판결요지	점거농성이 정당한 조합활동의 범위를 일부 벗어났다 하더라도 비정규직 문제의 사회적 토론이라는 가치를 고려해 양형을 결정할 필요가 있다. 개인에게 부과된 100만 원 씩의 벌금이 과중하고 나아가 개인이 아니라 노조에 부과하는 게 통례이다. (벌금을 물리면) 노동조합을 재정적으로 파탄시켜 사회적 토론이 중단될 우려가 있다.
쟁점	조합원 강제 연행에 항의, 도로점거 농성을 벌인 혐의(일반교통방해)
날짜	2008.4.8
사건	국가보안법 위반 제15대 한총련 의장
판결	징역 2년6개월 집행유예 4년
판사	강신중(광주지법 형사2부)
판결요지	피고인은 한총련에 가입해 의장활동을 하면서 이적 표현물을 제작 · 배포하고 북한 학생과 이메일을 주고 받는 등 대한민국 체제와 질서를 부정했고 시위과정에서 불법 · 폭력성으로 국가 · 사회에도 적지 않은 피해를 줬다.
	유 씨가 공소사실을 시인하고 배움의 과정에 있는 젊은 대학생으로, 분단상황과 사회현실을 고민하는 과정에서 범행이 이뤄진 점 등을 참작해 건전한 사회구성원으로 거듭날 기회를 줬다.
쟁점	한총련에 가입해 의장활동을 하면서 이적 표현물을 제작 · 배포하고 북한 학생과 이메일을 주고 받는 등 대한민국 체제와 질서를 부정했고 시위과정에서 불법 · 폭력성으로 국가 · 사회에도 적지 않은 피해를 준 혐의
날짜	2008.2.19
사건	동국대 강정구 교수
판결	징역 2년 자격정지 2년 집행유예 3년

판사	김진동(서울중앙지법 형사14단독)
판결요지	피고인의 여러 글과 주장 등을 전체적으로 살펴볼 때 민족통일을 위해 주체사상을 받아들여야 하며, 민족 내란인 6 · 25 당시 미국의 개입으로 민족통일이 저지됐다고 밝히는 등 현재 국가 존립기반을 부정하고 있다. 이는 북측이 주장하는 국가보안법 철폐, 대남적화통일론에 동조하는 것으로 학자 입장에서 냉철한 화두를 던진 것이라고 보기 어렵다. 피고인의 행위와 주장은 자유민주주의 기본질서에 해악을 끼치는 적극적인 행위인 만큼 유죄가 인정된다.
	우리 사회 표현의 자유 폭이 넓어지고, 자신감과 건강성이 확보돼 피고인의 주장이 현실화될 가능성이 낮을 뿐만 아니라 국보법 자체가 폐지 논의가 있었던 점 등을 감안해 형의 집행을 유예한다.
쟁점	2005년 7월 한 인터넷 매체에 기고한 글 등을 통해 북한에 정통성이 있으며 6 · 25는 (민족) 해방전쟁이라고 주장한 혐의 등으로 같은 해 12월 불구속 기소됐다. 여기에 2001년 8월 방북 당시 '만경대 정신을 이어받아 통일위업 이룩하자'는 글을 김일성 생가인 만경대 방명록에 남긴 혐의
날짜	1심 2006.5.26 / 2심 2007.11.13 / 1,2심 형량 동일

사건	연세대 사태 경찰관 폭행치사
판결	징역 2년 집행유예 4년
판사	김동오(서울중앙지법 형사25부)
판결요지	특수공무집행방해치사와 반국가단체의 활동 찬양 · 동조 이적 표현물 제작 · 배포로 인한 국가보안법 위반의 찬양 · 고무 혐의는 공소사실을 증명할 수 있는 증거가 부족해 무죄를 선고하나 이적 표현물 소지 등은 일부 유죄가 인정된다.
	피고인이 소지한 다량의 이적 표현물 내용이 북한의 체제, 노선 사상 등을 아무런 비판 없이 맹목적으로 추종하는 내용으로 구성돼 있고, 이에 대한 학습을 한 흔적도 엿보여 사회적 위험성이 무시할 수 없을 정도에 이르렀다. 이에 상당한 처벌을 면하기 어렵다.
	피고인이 기본적으로 민족의 통일을 생각하는 마음에서 이 사건 범행에 이르게 된 점을 참작해 형 집행을 유예한다.
	최근 남북 정상들이 한반도의 평화 및 경제협력을 위한 회담을 개최함으로써 국민들의 통일에 대한 기대가 높아지고 있고, 10 · 4합의가 성실히 이행된다면 한반도 평화도 머지않아 정착될 것으로 기대된다. 여전히 북한은 어떤 형태로든 한반도의 평화를 위협하고 있는 상황이어서 무비판적 추종 행위는 경계돼야 한다.
쟁점	1996년 8월 연세대에서 열린 '범청학련 통일대축전'에 참석했다가 폭력시위로 경찰관을 숨지게 한 혐의(특수공무집행방해치사 등)
날짜	2007.10.17

사건	비전향 장기수 추모비에 '불굴의 통일애국 투사'라고 새김
판결	무죄
판사	한범수(서울중앙지법 형사합의26부)

판결요지	우리나라 민주주의의 수준과 시민들의 정치의식 등을 고려해 볼 때 오랫동안 비전향장기수 돕는 일을 해온 피고인들이 비전향장기수들이 불리고 싶은 호칭을 적어 표지석을 세운 것에 대해 자유 민주주의 질서에 해악을 주려는 행위라 보기 어렵다.
	묘역이 보광사 경내에 있어 가족이나 지인 이외에 연고 없는 이들에게 영향을 미칠 것이라 보이지 않고 비석에 새긴 문구가 북한 애국열사릉에 새겨진 문구와 유사한 점이 있다고 해도 피고인들이 애국열사릉에 다녀왔다는 사실만으로 의도적으로 북한에 동조하려고 묘역을 조성하려 했다고 단정하기 어렵다.
쟁점	2006년 12월 비전향장기수 묘역을 조성하면서 표지석과 비석에 '불굴의 통일애국투사'라는 문구를 새겨넣은 혐의(국가보안법 위반)
날짜	2007.9.21
사건	폭력시위 주도 제14대 한총련 전 의장
판결	징역 3년 집행유예 5년
판사	강신중(광주지법 형사2부)
판결요지	이적 표현물을 제작·배포하고, 폭력시위를 주도하는 등 공소 내용이 대부분 인정되나, 피고인들이 배움의 과정에 있는 젊은 학생들로서 분단현실이나 사회문제에 대해 고민하는 과정에서 편향된 사고 때문에 이같은 범행을 저지른 점을 참작, 집행을 유예한다.
쟁점	제14기 한총련 의장으로 남총련 투쟁국장으로 활동하며, 한미 FTA 반대 총궐기 집회와 순천 하이스코 비정규직 투쟁, 반미시위 등을 주도하거나 가담한 혐의(국가보안법 위반죄와 특수공무집행방해치상죄 등)
날짜	2007.9.14
사건	FTA 반대 폭력시위자 영장기각
판결	두 차례 기각
판사	유연중(서울중앙지법 당직)
판결요지	증거 인멸과 도주의 우려가 없다.
판사	이상주(서울중앙지법 영장전담)
판결요지	증거인멸이나 도주의 우려 없어 구속의 필요성이 없다.
	이들이 시위의 주동자나 배후 조종자라고 보기 어렵다. 또한 피의자들이 경찰관에게 폭력을 행사하지 않았다고 주장하고 영장청구서에서도 피의자들이 현장에 있었다는 정도일 뿐 경관들의 상해가 피의자들에 의한 것이라고 단정하고 있지 않다.
	집회·시위의 폭력성 정도, 피의자들의 가담 정도가 중대하지 않은 점을 고려할 때 폭력시위로부터 사회를 지켜야 한다는 '형사정책적 고려'에서 피의자들에 대한 구속영장을 발부할 사유에 해당한다고 보기 어렵다.
쟁점	2006년 12월 도심에서 벌어진 한미 FTA 반대 집회에서 도로를 점거하고 수십 명의 시위대가 전의경의 헬멧 등을 빼았고 폭행 등을 가함. 이중 주동자 7명에 대한 구속영장 신청
날짜	2006.12.12 / 2006.12.18

사건	탈북자가 '김정일 품으로' 피켓시위
판결	무죄
판사	전수안(서울고등법원 형사2부)
판결요지	피고인이 공소내용과 같은 문구의 피켓을 들고 1인 시위를 한 것만으로는 국가의 존립 안전이나 자유민주주의 질서에 실질적 해악을 줄 만한 명백한 위험성이 없어 국가보안법 위반의 여지가 없다.
	피고인의 시위를 국보법 위반 및 교통방해라고 일방적으로 판단한 뒤 강제로 피켓을 빼앗은 경찰관은 적법하게 공권력을 행사했다고 볼 수 없으며 이에 저항하다 경찰을 폭행한 피고인의 행위는 정당방위에 해당한다.
쟁점	2005년 7월 세종로 교보문고 앞에서 '나와 아들을 경애하는 김정일 장군님 품으로 돌려달라'는 문구가 적힌 피켓을 들고 시위하다 이를 국보법 위반으로 보고 제지하려던 경찰관을 폭행한 혐의까지 유죄로 인정돼 1심에서 징역 4년을 선고 받았으나 2심에서 무죄
날짜	2005.10.12

(2010년 2월 기준/조갑제닷컴)

애국 · 보수 인사 관련 판결 목록

사건	박지만
판결	기각
판사	서창원(서울북부지법 민사합의13부)
판결요지	친일인명사전 수록은 학문적 의견 표명에 가깝고 친일인명사전을 발간하는 목적이나 동기가 공공의 이해에 관한 사항으로 볼 수 있다. 박정희 전 대통령에 관한 내용을 수록하는 것이 박 전 대통령이나 유족들의 명예 등 인격권을 침해하는 것으로 인정하기에 부족하다.
	친일인명사전에 게재할 것으로 보이는 박 전 대통령에 관한 부분은 주로 출생부터 사망까지 시간 순서에 따라 구체적인 사실로 개념 지을 수 있는 경력에 대한 서술로 보이고 이에 대한 참고문헌도 상세히 명시함으로써 진위에 대해서는 충분한 확인이 가능하다.
쟁점	일제강점기 식민 지배에 협력한 인사 4000여 명의 행적을 담은 《친일인명사전》에 아버지 이름을 싣지 말라며 2009년 10월26일 서울북부지원에 게재금지가처분신청
날짜	2009.11.6
사건	김성욱 ─ 민노총 · 민노당 소송
판결	형사─벌금 300만 원
판사	한대균(서울중앙지법 형사20단독)
판결요지	명예훼손 혐의가 인정되며 김성욱 기자의 항변은 전혀 근거가 없다.
쟁점	김경수 검사 500만 원 약식기소
판결	민사─2000만 원 지급

판사	홍기태(서울중앙지법 민사합의34부)
판결요지	기자로서 사실관계를 확인하지 않은 채 민노당 등이 분신자살의 배후라는 내용의 강연을 했다. 강연 당시 김 씨가 자신이 한 강연 내용을 진실이라고 믿을 만했었던 이유도 없어보인다.
	김 씨는 민노당과 민노총이 조합원들의 분신자살을 부추기거나 방조하는 것처럼 묘사해 명예를 훼손한 점이 인정된다. 그에 따른 손해를 배상할 책임이 있다.
쟁점	촛불 난동 당시 한 교회에서 강연도중 《거꾸로 가는 민주노총》에 적힌 내용(사망자 보상규정)을 사실로 알고 말했으나 일부를 민노총, 민노당이 문제 삼아 김성욱 기자를 상대로 1억 6000만 원의 손해배상 소송을 제기하는 한편 명예훼손 혐의로 민 · 형사 고발
날짜	2009.10 / 2009.1.30

사건	전여옥 폭행사건
판결	징역 10월 집행유예 2년
판사	유환우(서울 남부지법 형사6단독)
판결요지	초범인데다 공탁금 500만 원을 맡긴 점, 68세의 고령 등을 참작.
쟁점	2009년 2월27일 서울 여의도 국회의사당 경내에서 전 의원을 폭행해 왼쪽 눈 각막 등에 전치 8주의 상처를 낸 혐의
날짜	2009.5.29

사건	노노데모 MBC PD수첩 소송
판결	기각
판사	양현주(서울남부지법 민사16부)
판결요지	PD수첩은 시사 고발 프로그램으로 다소 과장되고 선정적일 수 있으나 국민의 알권리를 보장하는 역할을 한다는 점을 고려할 때 내용에 부정확한 부분이 있고 다수의 시청자가 정신적 고통을 겪었다 하더라도 책임을 물을 수는 없다.
	피고들이 방송을 통해 불법 집회를 개최하도록 의도했거나, 그런 집회를 예상하고 방송을 했다고 인정할 증거가 없다.
쟁점	MBC PD수첩의 왜곡방송으로 인한 손해배상청구
날짜	2009.2.17

사건	서정갑
판결	징역 1년8개월 집행유예 2년
판사	한양석(서울중앙지법 형사27부)
판결요지	자유민주주의를 수호하기 위한 집회에 참가했다 해도 신고된 집회범위를 벗어나 물리적 충돌이 빚어졌고 이어 해산명령을 이행하지 않아 공공의 안녕질서를 침해했기에 집시법 위반의 구체적 정황을 부인하기 어렵다.
	피고인들이 개인의 이익을 도모한 것이 아니고 국가 안위를 고려해 정치권과 시민권에 경고를 주기 위한 것이었고, 폭력시위를 지휘 · 선동한 적이 없으며, 피고인의 나이 · 경력 · 직업 및 각 역할을 참고한다.

쟁점	2004년 10월4일 시청 앞 광장에서 개최된 '국보법사수국민대회'와 관련 검찰이 3년 후인 2007년 7월 특수공무집행방해치상 등의 혐의로 기소
날짜	2008.4.23
사건	서정갑, 김상철, 신혜식, 홍관희 등 민족문제연구소 '이적행위'표현
판결	6500만 원 지급
판사	한창호(서울중앙지법 민사합의25부)
판결요지	북이 대치하고 국가보안법이 시행되고 있는 현실에서 색깔론을 들어 특정 단체를 이적단체로 지목하고 공격하는 경우 그 단체는 반사회세력으로 몰려 사회적 명성·평판이 크게 훼손된다. 피고들이 '원고 법인이 이적단체고 친일청산작업은 이적행위'라는 사실을 적시함으로써 원고들의 명예를 훼손했다.
	민족문제연구소가 민족을 우선시하는 통일을 지향하고 박정희 전 대통령을 친일파 청산을 하지 못한 인물로 판단해 친일명단에 포함시키는 등 '친일인사 명단'을 작성한 것은 통일관과 좌우 이념의 차이에서 비롯된 것에 불과하다. 이 사실만으로 민족문제연구소가 친북단체라거나 친일인명사전 편찬작업을 이적행위라고 할 수 없다.
판결	2000만 원 지급
판사	조용구(서울고등법원 민사13부)
판결요지	시민단체 대표들이 민족문제연구소가 '이적단체이고 친일청산작업은 이적행위'라고 공개적으로 주장해 명예를 훼손한 점이 인정된다.
쟁점	2005년 8월 '친일인명사전'을 편찬한 민족문제연구소와 윤경로씨 등이 보수단체와 언론이 민족연구소를 '이적단체'로, 사전 편찬작업을 '이적행위'라며 비판기사 게재와 시위, 기자회견을 하자 명예가 훼손됐다며 소송
날짜	2006.11 / 2008.7

(2010년 2월 기준/조갑제닷컴)

※ 이 글은 2011년 가을호 〈GLOBAL AFFAIRS〉誌(세종대학교 세종연구원)에 게재되었던 것임.

10

'從北宿主' 민주당의 正體

'從北宿主' 민주당의 正體

▲ 민주당 의원 21명이 국가보안법 · 반공법 위반자
▲ 黨歌는 공안사건 '남한 조선노동당 중부지역당 사건' 연루자들이 작사 · 작곡

金泌材(조갑제닷컴 기자)

민주당 의원의 34.6%가 전과자

지난 19대 총선 결과를 보면 새누리당의 승리에도 불구하고, 국회의 左傾化는 막기 힘들 것 같다. 민주당과 통합진보당(통진당)의 19대 총선 당선자들 중 상당수가 각종 시국-공안사건 연루자이며 삼민투쟁위원회 (삼민투), 전국대학생대표자협의회(전대협), 한국대학총학생회연합(한총련) 등 利敵(이적)단체에서 활동했던 운동권 출신들이기 때문이다.

19대 총선에서 새누리당 · 민주당 · 통진당을 기준으로 전과자가 가장 많이 출마한 黨은 민주당이었다. 248명(지역구 210명, 비례대표 38명)의 출마자 가운데 68명(27.4%)이 전과자였다. 이 가운데 44명이 당선되어 민주당 당선자(총 127명)의 34.6%가 전과자로 나타났다.

前科(전과) 전력이 있는 44명의 당선자 가운데 국가보안법(국보법)과 집

회 및 시위에 관한 법률(집시법) 위반자는 각각 20명이었다. 국보법과 집시법을 모두 위반한 당선자는 11명이었다. 반공법 위반자는 2명으로 한명숙, 이학영 의원이었다. 實인원으로는 반공법·국보법 위반자가 21명.

민주당의 19대 총선 기준 가운데 도덕성 기준은 뇌물, 알선수재, 공금횡령, 정치자금, 파렴치범, 성범죄, 개인비리, 중대한 화이트칼라 범죄 가운데 금고 이상의 형이 확정된 인사들을 배제하는 것이었다. 정체성 기준과 관련해서는 잦은 당적 변경과 공천-경선 불복 등 중대행위에 해당된다고 인정되는 공천신청자를 배제하는 것이었다. 그러나 정체성 기준에서 가장 중요한 國家觀(국가관)과 관련된 사항은 없었다.

〈표〉 19대 국회의원 국보법 · 반공법 · 집시법 위반자 현황

黨名 위반사항	민주당 국보법/반공법 위반자: 21명	통합진보당 국보법/반공법 위반자: 3명	정의당	새누리당 국보법/반공법 위반자: 3명
국보법	강기정, 김경협, 김성주, 김기식, 김태년, 민병두, 부좌현, 박홍근, 서영교, 심재권, 오영식, 윤후덕, 이인영, 이학영, 임수경, 은수미, 정청래, 진성준, 최규성, 최재성 (20명)	김재연 오병윤 이석기	無	정병국 하태경
반공법 (1980년 폐지)	이학영, 한명숙	無	無	이재오
집시법	강기정, 김경협, 김성주, 김윤덕, 민병두, 문재인, 박홍근, 서영교, 오영식, 우상호, 우원식, 이인영, 이원욱, 원혜영, 유기홍, 정청래, 진성준, 최민희, 최재성, 홍영표 (20명)	김재연 김미희 오병윤	정진후 박원석	無

(2013년 9월 기준/조갑제닷컴)

19대 총선에서 통진당은 75명(지역구 55명, 비례대표 20명)의 총선 출마자 가운데 40명(53.3%)이 전과자였다. 이들 가운데 8명이 당선되어 당선자(비례대표 포함 총13명)의 61.5%가 전과자로 나타났다. 전과 전력이 있는 통진당 당선자 가운데 국보법 위반자는 4명(김재연, 노회찬, 오병윤, 이석기), 집시법 위반자는 5명(김미희, 김재연, 박원석, 오병윤, 정진후)이며, 국보법과 집시법을 모두 위반한 당선자는 2명(김재연, 오병윤)이었다.

이들 가운데 노회찬은 통진당 19대 총선 비례대표 부정경선과 중앙위원회 폭력사태로 舊당권파와 갈등 끝에 2012년 9월14일 통진당을 탈당, 정의당으로 당적을 옮겼다. 이후 '안기부 X파일'을 인용해 소위 '삼성 떡값 검사들'의 실명을 인터넷에 공개한 사건으로 유죄를 선고받아 2013년 2월 국회의원직을 박탈당했다. 박원석, 정진후 의원의 경우 통진당 내 舊당권파와의 갈등 끝에 2012년 9월7일 탈당을 선언한 뒤, 정의당으로 당적을 옮겼다.

통진당의 19대 총선 출마자 부적격 후보로 분류되는 기준은 총 6가지였다. '당선되더라도 법에 의해 직무를 수행할 수 없는 者', '경력 등 중요한 사항을 허위로 기재한 者', '반인도적 범죄-파렴치 범죄-부패범죄, 공직 직무상 범죄, 기타 중대한 범죄의 전력이 있는 者', '선거권이 없는 者', '黨의 강령 및 기본정책에 명백히 어긋나는 행위를 한 者', '기타 중대한 사유가 있는 者'에게 후보 자격을 인정하지 않도록 되어 있었다. 민주당과 마찬가지로 통진당의 후보 분류기준에 국가관과 관련된 사항은 없었다.

19대 총선에서 새누리당은 274명(지역구 230명, 비례대표 44명)의 출마자 중 13명(4.7%)이 전과자였다. 이들 중 7명이 당선됐는데(당선자 150명 중 4.7%에 해당), 정병국·하태경 의원이 국보법 위반 전과자였으며, 이재오

의원의 경우 반공법 위반 前歷(전력)이 있었다.

한편, 2013년 8월1일 기준으로 각 정당의 의석(총 299석) 현황은 새누리당 154석, 민주당 127석, 통합진보당 6석, 정의당 5석, 무소속 7석이다.

'노무현재단' 임원, 민주당 총선 당선자 절반 차지

'노무현재단'(초대 이사장 한명숙)을 중심으로 한 親盧(친노)그룹은 민주당의 전신인 민주통합당 창당 과정에서 黨權(당권)을 거머쥐고, 19대 총선을 통해 당내 최대 계파가 됐다.

노무현재단의 정식명칭은 '사람사는세상 노무현재단'으로 노무현 前 대통령의 '가치와 철학, 업적을 유지 · 계승 · 발전시킨다'는 명목으로 설립된 재단법인이다. 2009년 12월 기획재정부에 지정기부금 단체로 등록된 노무현재단의 구성 인맥 대부분은 노무현 정부 시절의 정치인 및 고위공직자 등 親盧 인사들로 채워져 있다. 노무현재단은 김정일 사망 이틀 뒤인 2011년 12월19일 '김정일 국방위원장 급서에 즈음하여'라는 제목의 알림을 통해 "김정일 위원장의 급서 소식에 조의를 표하며 유족과 북한 동포들에게 위로의 말씀을 전한다"고 했다. 노무현 재단은 또 같은 해 12월20일 긴급간담회에서 김정일 사망과 관련해 '정부 차원의 조문단 파견', '북한을 자극하는 언행 자제', '조의문을 작성해 북한에 전달할 것' 등을 논의했다.

노무현재단 임원 출신 인사들은 19대 총선에서 막강한 영향력을 행사하며 공천을 左之右之(좌지우지)했다. 일례로 민주당의 19대 총선 공천심사를 담당했던 15명의 공천심사위원 중 노무현재단 임원 출신은 도종환 재단 이사, 백원우 재단 상임운영위원을 포함, 노영민 · 박기춘 · 우윤근 ·

전병헌·최영희 재단 자문위원, 김호기 재단 운영위원 등 총 8명이었다.

이들 외에 조정식·최영희 공천위원의 경우 각각 김부겸(노무현재단 자문위원) 前 민주당 최고위원과 한명숙(노무현재단 초대 이사장) 前 민주당 대표가 추천한 인사들이었다. 한명숙 前 민주당 대표 이후 문재인 의원이 노무현재단의 이사장을 맡았으나, 18대 대선 경선 출마를 앞두고 2012년 4월25일 이사장직을 사퇴했다.

〈조갑제닷컴〉 확인결과 127명의 민주당 19대 총선 당선자 가운데 노무현재단 출신의 민주당 국회의원들의 명단은 아래와 같다. (2012년 5월 기준)

▲문재인(前 이사장) ▲이사: 도종환, 이해찬, 한명숙 ▲상임운영위원: 김용익, 박남춘, 이용섭, 임수경, 전해철, 최민희 ▲운영위원: 김진표, 신계륜, 원혜영, 장병완, 최규성 ▲고문: 문희상, 정세균 ▲기획위원: 강기정, 김경협, 김윤덕, 김재윤, 김태년, 김현, 서영교, 유기홍, 유대운, 이원욱, 홍영표 ▲자문위원: 강창일, 김성곤, 김영주, 김우남, 김춘진, 김현미, 노영민, 문병호, 박병석, 백재현, 설훈, 신기남, 신학용, 안민석, 양승조, 오영식, 오제세, 우상호, 우원식, 우윤근, 유승희, 유인태, 윤호중, 윤후덕, 이낙연, 이목희, 이미경, 이석현, 이인영, 이종걸, 전병헌, 정성호, 정청래, 조경태, 최재성 (총 63명)

利敵단체 전대협 출신 민주당 의원

19대 총선을 통해 국회로 진출한 민주당의 김태년, 박홍근, 이인영, 임수경, 오영식, 우상호, 정청래, 최재성 의원은 모두 전국대학생대표자협의회(전대협) 출신이다. 이들 가운데 우상호 의원을 제외한 7명의 의원들이 모두 국보법 위반 전력이 있다.

전대협은 '주한미군 철수', '국보법 폐지', '평화협정 체결', '연방제 통일' 등 북한의 對南노선을 추종하다 1992, 1993년 핵심부서인 '정책위원회' 등이 利敵단체 판정을 받았다.

국가안전기획부(국정원 前身)의 전대협 수사결과에 따르면 전대협은 主思派(주사파) 지하조직에게 장악되어 있었다. 〈주사파에 장악된 전대협의 실체 수사결과〉, 〈전대협 유인물과 북한방송 대비분석〉, 〈전대협은 순수학생운동조직인가〉, 〈전대협의 조직실체〉 등의 공안문건들은 전대협의 실체를 다음과 같이 밝히고 있다.

〈전대협은 1987년과 1988년 전국사상투쟁위원회와 反美(반미)청년회의 배후조종을 받은 데 이어 1989~1990년에는 '자주·민주·통일그룹'(自民統)의 배후조종을 받아왔고, 1991년 이후에는 반제청년동맹, 조통그룹(조국통일촉진그룹) 등 주사파 지하조직에 장악됐었다…
(중략) 전대협은 항상 김일성과 한민전(북한의 對南선전매체)을 추종하는 지하혁명 조직에 의해 움직여 왔다〉

특히 〈전대협은 순수학생운동조직인가〉 문건의 경우 이인영, 오영식 등 과거 전대협 1기, 2기 의장들이 모두 主思派 지하조직원이라고 다음과 같이 밝히고 있다.

〈1987년 5월 전대협 제1기가 결성된 이후 1991년 6월 현재 전대협 제5기에 이르기까지 역대 전대협 의장은 모두 주사파 지하혁명 조직에서 파견한 지하 핵심조직원임이 그동안의 조사과정에서 드러났음. 전대협 제1기 의장 이인영은 1986년 12월 고려대 중심 주체 사상 신봉자들이 결성한 주사파 지하조직 전국사상투쟁위원회(전사 투위)가 전대협 의장감으로 사전물색, 김일성 주체사상으로 철저히 무장시킨 후 의장에 당선시킨 자이고, 전대협 제2기 의장 오영식은 1988년 1월20일 고려대 출신 조혁, 김태원 등이 전국 대학생 72명 을 규합, 결성한 주사파 지하조직 反美청년회 출신이며, 전대협 제 3기, 제4기, 제5기 의장 임종석, 송갑석(전남대), 김종식(한양대) 등도 주사파 지하조직 자주·민주·통일그룹(자민통)이 전국 학생운동을 주도, 장악하기 위해 전대협에 침투시킨 지하조직원들이었음〉

전대협의 이 같은 이념적 성향을 증명이라도 하듯 김태년, 오영식, 우상호, 이인영, 정청래, 최재성 등 전대협 출신 민주당 의원들은 열린우리당 시절인 2004년 10월20일 국보법 폐지안에 모두 서명했다. 전대협 출신 정치인들과 함께 당시 국보법 폐지안에 서명했던 인사들은 강기정, 강창일, 김영주, 김재윤, 김춘진, 김현미, 노영민, 노웅래, 문병호, 민병두, 신기남, 양승조, 우윤근, 유기홍, 유승희, 윤호중, 이미경, 이상민, 이석현, 전병헌, 조정식, 최규성, 최재천, 한명숙(총 24명)으로 이들 모두 19대 총선 이후 민주당에서 활동 중이다.

'간첩·빨치산 추모제' 추모위원으로 참여

전대협 출신의 오영식, 우상호, 이인영, 정청래 의원과 함께 민주당의 강창일, 문병호, 이목희, 이상민 의원은 2007년 '한국진보연대'(공동대표 박석운) 등이 주도한 간첩·빨치산 추모제(제18회 민족민주열사—희생자 범국민

추모제) 추모위원으로 이름을 올렸다.

문제의 행사에 소개됐던 소위 '열사' 중 상당수는 건국 이후 간첩·빨치산 활동으로 실형을 선고 받았던 자들이다. 1979년 검거된 공산혁명조직인 남조선민족해방애국전선(남민전) 사건의 주범 이재문, 신향식을 비롯, 1968년 검거된 통일혁명당(통혁당) 간부로서 월북해 북한의 조선노동당에 입당했던 김종태, 김질락, 이문규 및 최영도, 정태묵 등 간첩전력자들이 포함되어 있었다. 남파간첩 출신 김용성, 박용서, 신창길, 진태윤, 최남규, 최석기, 빨치산 출신 김광길, 박판수, 박현채, 윤기남, 정대철, 인민군 및 남로당 활동 중 검거되어 '비전향장기수'로 복역한 권양섭, 김규호, 변형만, 양재영, 이용운, 장광명, 최재필, 최주백, 최한석, 한태갑, 황필구 등도 추모대상으로 당시 전시물 및 분향소에 기재돼 있었다. 이외에도 2005년 파문을 일으키며 경기도 파주시 보광사 '통일애국투사묘역'에 묻혔던 빨치산 출신 류낙진, 정순덕, 손윤규, 간첩출신 금재성, 최남규 등도 소위 열사 명단에 포함되어 있었다.

'6·15선언 국가기념일 제정 촉구 결의안'에 서명

민주당의 前身인 열린우리당은 2007년 5월31일 배기선 의원의 대표발의로 '6·15남북공동선언 기념일 지정촉구 결의안'을 제출한 바 있다. 문제의 결의안은 反헌법적 6·15남북공동선언이 "(남북한) 통일의 문제를 그 주인인 '우리민족끼리' 서로 힘을 합쳐 자주적으로 해결하자는 소중한 합의"라며 "6월15일을 국가기념일로 정하자"는 것이 골자였다.

당시 결의안에 서명했던 정치인 가운데 현재 민주당 소속 의원의 명단은 아래와 같다.

강기정, 강창일, 김동철, 김성곤, 김영주, 김우남, 김재윤, 김진표,

김춘진, 김태년, 김한길, 김현미, 노영민, 노웅래, 문병호, 문희상,

민병두, 박기춘, 박병석, 박영선, 신기남, 신학용, 안민석, 양승조,

오영식, 우상호, 우원식, 우윤근, 원혜영, 유기홍, 유승희, 유인태,

윤호중, 이목희, 이미경, 이상민, 이석현, 이인영, 이종걸, 이해찬,

전병헌, 정세균, 정청래, 주승용, 최재성, 최재천, 한명숙 (총 47명)

'천안함 對北규탄 결의안' 반대했던 의원들

북한에 의한 천안함 폭침 사건 발생 이후 국회는 2010년 6월29일, 천안함 폭침과 관련해 대북 대응조치를 촉구하는 '북한의 천안함에 대한 군사도발 및 대응조치 촉구 결의안'(천안함 對北규탄결의안)을 통과시켰다. 당시 한나라당이 주도했던 이 결의안은 재적의원 291명 가운데 237명이 표결에 참석, 찬성 164표, 반대 70표, 기권 3표로 통과됐다.

당시 민주노동당(통진당의 前身) 의원들은 전원 표결에 불참했고, 민주당 의원들은 당시 표결에서 예상대로 대부분이 반대표(반대 70명 중 69명)를 던졌다. 이들 중 상당수가 현재 민주당 의원으로 활동 중이다. 이들의 명단은 아래와 같다.

강기정, 강창일, 김동철, 김성곤, 김영록, 김우남, 김재윤, 김진표,

문희상, 박기춘, 박지원, 백재현, 변재일, 신학용, 안규백, 안민석,

양승조, 오제세, 원혜영, 이낙연, 이미경, 이용섭, 이윤석, 이종걸,

이찬열, 전병헌, 조경태, 조정식, 최규성, 최재성, 추미애, 홍영표

(총 32명)

김일성에게 충성 맹세했던
主思派가 작사·작곡한 민주당 黨歌

민주당 黨歌(당가)의 작사자와 작곡자는 1992년 발생한 대형 공안사건인 '남한 조선노동당 중부지역당 사건' 연루자들이다. 黨歌의 작사자는 李哲禹(이철우) 前 열린우리당 의원으로 1992년 북한의 조선노동당을 남한에서 現地(현지)입당한 뒤, 당원 부호인 '대둔산 820호'를 부여받았던 인물이다. 여기서 '현지입당'이란 북한의 조선노동당에 가입하기 위해 북한을 방문하지 않고, 남한 현지에서 입당한 후 조선노동당이 추인하는 것을 의미한다.

이 前 의원은 조선노동당의 하부조직인 '중부지역당' 총책 황인오 등에게 포섭되어 다른 主思派(주사파) 핵심분자들과 함께 조선노동당에 현지입당했다.

이 前 의원의 1심 판결문에 따르면 "피고인은 북한 조선노동당기(60.50cm 크기의 붉은 천)를 스카치테이프로 벽에 걸고 그 밑에 김일성·김정일 초상화(51×58cm)를 각각 전시한 다음 黨旗(당기)와 초상화를 바라보고 입당식을 거행했다"고 摘示(적시)되어 있다.

이 前 의원은 상급심에서도 "국가를 변란할 것을 목적으로 구성된 反국가단체인 '민족해방애국전선'(민애전, 조선노동당 중부지역당의 위장 명칭)에 가입, 그 구성원이 된" 혐의로 1993년 7월8일 징역 4년을 선고받았다. 그는 복역 후 한탄강 댐건설 반대를 위한 시민운동 등을 벌이다 김대중 정권 때 특별복권(1999년 2월25일)되어 17대 국회의원이 됐다.

이 前 의원은 국회 입성 후 미국의 '북한인권법'에 대한 반대 활동 등을 벌였다. 2004년 9월2일에는 열린우리당 의원 25명과 함께 美상원 국제관계위원회 리처드 루거 위원장에게 '북한인권법'에 대한 우려를 표시하는 서한을 주한 美대사관에 전달하기도 했다. 이 前 의원은 2004년 총선에서 국회의원에 당선되었으나, 공직선거 및 선거부정 방지법 위반 혐의(의정부지방법원 제1형사부 판결)로 이듬해 의원직을 상실했다. 민주당은 이 前 의원의 과거전력에도 불구하고 지난 19대 총선에서 경기 포천·연천 지역 국회의원 후보로 공천했다. 그러나 새누리당 김영우 후보가 50%의 득표율로 34%를 얻은 이 前 의원을 누르고 당선됐다.

윤민석, 민주당 黨歌 작곡한 김일성주의자

민주당 黨歌의 작곡자 윤민석은 촛불집회 주제가인 '헌법 제1조'를 작사·작곡한 인물로 '김일성 대원수는 인류의 태양', '한민전 10대 강령' 등을 만든 운동권 가요 작곡가이다. 문성근 前 민주당 상임고문이 주도하는 '국민의 명령'의 '백만민란가'를 작사·작곡하기도 했다.

윤민석은 1992년 조선노동당 '중부지역당' 산하 단체인 '애국동맹'에 가입, 김일성 찬양노래를 작곡했으며, 이 같은 활동으로 4차례(국가보안법 위반)에 걸쳐 구속됐다. 1993년 3월 국가안전기획부가 발간한 〈남한 조선노동당사건 수사백서〉에 따르면 윤민석은 조선노동당 중부지역당 산하단체인 '애국동맹'에 가입해 '수령님께 드리는 충성의 노래', '김일성 대원수는 인류의 태양' 등과 조선노동당의 對南선동기구인 한국민족민주전선(現 반제민전)을 찬양하는 '한민전 찬가', '한민전 10대 강령'이라는 노래 등을 만든 것으로 기록되어 있다.

특히 백서에는 윤민석 곡의 사용 용도 등과 함께 自筆(자필)악보가 수록되어 있다. 이 가운데 '수령님께 드리는 충성의 노래'는 "혁명의 길 개척하신 그때로부터 오늘의 우리나라 이르기까지 조국의 영광 위해 한생을 바쳐 오신 수령님 그 은혜는 한 없습니다"라는 1절 가사와 함께 "언제라도 이 역사와 함께 하시며 통일의 지상낙원 이루기까지 조국의 영광 위해 한생을 바쳐 오신 수령님 그 은혜는 한 없습니다"라는 내용의 2절 가사를 담고 있다.

'김일성 대원수는 인류의 태양'이라는 곡은 "조국의 하늘 그 위로 떠오르는 붉은 태양은 온 세상 모든 어둠을 깨끗이 씻어주시네. 아 김일성 대원수 인류의 태양이시니 여 만년 대를 이어 이어 충성을 다하리라"는 내용의 가사가 담겨 있다.

'국정원 해체' 주장 단체 활동을 옹호하는 노래 발표

윤민석이 만든 이들 노래는 각각 1991년 11월 김일성 생일축하(수령님께 드리는 충성의 노래), 1992년 4월 김일성의 대원수 직위 추대(김일성 대원수는 인류의 태양) 등을 축하하기 위해 만들어진 노래들로 북한의 在日공작거점을 통해 북한에 보고된 것으로 알려져 있다.

윤민석은 중부지역당 사건으로 복역한 이후에도 'fucking U.S.A', '또라이 부시', '반미반전가', '反美출정가2002' 등 反美성향의 운동권 가요를 작곡했다.

그는 또 2004년 노무현 대통령 탄핵반대집회에서 탄핵반대집회의 주제가 역할을 했던 '너흰 아니야'를 비롯해 '탄핵무효가', '헌법 제1조', '격문1', '격문2' 등을 유행시키기도 했다.

이들 노래는 "시대가 바뀌어도 북한은 적이고, 미국은 죽었다 깨도 혈맹이라는 너희들의 망발(너흰 아니야)", "가자, 가자 싸우자 반역의 무리 몰아내자, 탄핵은 무효, 국회해산(탄핵무효가)", "친일과 친미로 배불리는 매국노들(격문1), 나가자 싸우자 어깨를 걸고 역적놈 토벌하자(격문2)" 등의 내용이 담겨 있다.

윤민석은 자신이 운영하는 홈페이지(www.songnlife.com, 2008년 이후 활동정지)를 통해 자신이 작사·작곡한 反美·反대한민국 성향의 노래들을 무제한으로 다운로드 받을 수 있도록 해놓기도 했다. 자신을 중학교 2학년 여학생이라고 밝힌 한 네티즌은 윤민석 홈페이지 방명록에 다음과 같은 말을 남겨놓기도 했다.

〈저희 미술선생님께서 미술시간에 '헌법 제1조' 노래를 들려주셨는데 노래가 인상 깊어서 이렇게 들리게 되네요. (중략) 인터넷에서 찾아봐 MP3에 노래를 다운받아 자주 듣겠습니다. 방금 뉴스에서 어린아이가 '대한민국은 뒤죽박죽이다'라는 노래를 헌법1조 음에 맞춰 부른다고 들었는데 이 노래가 멀리 퍼지기를 바라겠습니다.〉

이에 대해 윤민석은 "XX님 반갑습니다"라며 미술시간에 촛불집회 주제가를 틀어준 교사에 대해 "멋진 미술선생님이시네요"라고 댓글을 달아놓기도 했다.

윤민석은 2008년 광우병 촛불시위 이후 활동을 접은 뒤, 김근태 前 민주당 상임고문의 사망(2011년 12월30일)을 계기로 활동을 재개했다. 그는 2008년 광우병 촛불시위를 주도했던 '한국진보연대'가 국정원 해체를 주장하며 2013년 6월27일 '국가정보원 대선개입과 정치개입 진상 및 축소은폐 의혹규명을 위한 시민단체 긴급 시국회의'(시국회의)를 조직하자, 이들의 활동을 옹호하는 내용이 담긴 신곡을 발표했다.

누가 괴물을 키웠나

지은이 | 趙甲濟 외
펴낸이 | 趙甲濟
펴낸곳 | 조갑제닷컴
초판 1쇄 | 2013년 9월16일
초판 3쇄 | 2013년 11월29일

주소 | 서울 종로구 내수동 75 용비어천가 1423호
전화 | 02-722-9411~3
팩스 | 02-722-9414
이메일 | webmaster@chogabje.com
홈페이지 | chogabje.com

등록번호 | 2005년 12월2일(제300-2005-202호)
ISBN 978-89-92421-94-2-03340

값 10,000원

.